Christian Bleser

Virtual Reality als gemeinsames Erlebnis

Entwicklung einer interaktiven Anwendung zur Echtzeitsynchronisation mobiler Endgeräte

Diplomica Verlag GmbH

Bleser, Christian: Virtual Reality als gemeinsames Erlebnis. Entwicklung einer interaktiven Anwendung zur Echtzeitsynchronisation mobiler Endgeräte, Hamburg, Diplomica Verlag GmbH 2017

Buch-ISBN: 978-3-96146-511-8
PDF-eBook-ISBN: 978-3-96146-011-3
Druck/Herstellung: Diplomica® Verlag GmbH, Hamburg, 2017
Covergestaltung: Christian Bleser / Ralph Lewerenz
Covermotive: © Christian Bleser / © Rawpixel.com – Fotolia.com

Bibliografische Information der Deutschen Nationalbibliothek:
Die Deutsche Nationalbibliothek verzeichnet diese Publikation in der Deutschen Nationalbibliografie; detaillierte bibliografische Daten sind im Internet über http://dnb.d-nb.de abrufbar.

© Diplomica Verlag GmbH
Hermannstal 119k, 22119 Hamburg
http://www.diplomica-verlag.de, Hamburg 2017
Printed in Germany

Abstract

Deutsch

Virtual Reality Anwendungen erlauben es dem Benutzer, sich in eine virtuelle Welt zu versetzen und mit ihr zu interagieren. Wird dabei als Ausgabemedium ein Head-Mounted Display verwendet, kann der Benutzer komplett in die virtuelle Welt eintauchen. Damit diese virtuelle Welt für mehrere Benutzer erlebbar wird, muss eine Synchronisation der Anwendungen erfolgen. Im diesem Buch wird eine Anwendung entwickelt, die grundlegende Funktionen für die Synchronisation von Aktionen in der virtuellen Welt und Interaktionen zwischen den Benutzern bereitstellt. Dazu werden die Grundlagen erörtert und die zur Verfügung stehenden Technologien analysiert und bewertet. Es wird definiert, welche Bedingungen eingehalten werden müssen, damit eine hohe Immersion erreicht werden kann. Mithilfe der ausgewählten Hard- und Software wird ein Prototyp entwickelt, mit dem untersucht werden kann, welche Latenzen bei der Synchronisation über das Netzwerk auftreten. Dabei stellt sich heraus, dass bei der Synchronisation von bis zu drei Benutzern eine mit 40 ms sehr geringe Latenz eingehalten werden kann. Ein Anstieg der Latenzen ist auch bei einer höheren Benutzeranzahl nicht zu erwarten.

English

Virtual reality applications allow users to immerse into a virtual world and interact with it. When head-mounted displays are used as output media, users can fully dive into this virtual world. If several users are to experience this virtual world, applications need to be synchronized. This book presents the development of an application providing basic functions to synchronize actions and user interactions in a virtual world. For this purpose, the relevant theoretical foundations are developed and available technologies are analyzed and evaluated. A definition is provided on which requirements must be met in order to achieve a high degree of immersion. A prototype is developed using selected hardware and software to analyze which latencies can arise when network synchronizations are carried out. It emerges that latencies can be kept very low at 40 ms when synchronizations for up to three users take place. Even with more users, an increase of latencies is not to be expected.

Inhaltsverzeichnis

Abbildungsverzeichnis

Tabellenverzeichnis

Quellcodeverzeichnis

1 Einleitung

Eine stetig wachsende Zahl an Firmen nutzt zur Präsentation ihrer Produkte und Dienstleistungen Applikationen für Head-Mounted Displays, die eine dreidimensionale Darstellung ermöglichen. Durch den Einsatz von Virtual Reality (VR) entsteht für den Nutzer ein immersiver Eindruck, was bedeutet, er wird in eine digitale Welt integriert, in der er sich umsehen und bewegen kann.

Viele Firmen haben die Virtuelle Realität als ein modernes Werbemittel entdeckt und lassen für Messeveranstaltungen Virtual Reality Anwendungen entwickeln, mit denen sie bei ihren Kunden werben. Hersteller wie Samsung geben VR-Brillen zusammen mit dem Kauf eines neuen Handys an ihre Kunden aus. Mit steigender Leistungsfähigkeit der Mobiltelefone werden die Inhalte immer realistischer und versetzen den Benutzer in immer realistischere virtuelle Welten.

Virtual Reality Anwendungen versetzen den Nutzer in die Lage, eine Welt zu erleben, die ihm in dieser Form in der Realität nicht zugänglich ist. Durch die Nutzung der VR-Brillen ist diese virtuelle Welt in der Regel dem einzelnen Nutzer vorbehalten. Da Menschen oftmals das grundsätzliche Bedürfnis haben, ihre Erlebnisse mit anderen zu teilen, ist es erstrebenswert eine Anwendung zu entwickeln, bei der mehrere Nutzer in einer virtuellen Welt interagieren können.

1.1 Aufgabenstellung

Im Rahmen dieser Studie soll ein technisches Konzept für ein System entwickelt werden, das die Synchronisation von Inhalten und Aktionen in einer Virtual Reality Umgebung über mehrere mobile Endgeräte hinweg ermöglicht. Durch eine Synchronisation der Endgeräte soll dafür gesorgt werden, dass Bewegungen und Aktionen in der virtuellen Welt für alle Teilnehmer sichtbar werden, was zu einer gemeinsamen Wahrnehmung der virtuellen Welt in Echtzeit führen soll. Es soll geklärt werden, welche Bedingungen erfüllt sein müssen, damit eine flüssige Wahrnehmung synchronisierter Inhalte entsteht. Weiterhin soll festgelegt werden, welche Hard- und Software sich zur Entwicklung eines Prototypen am besten eignet. Zudem soll die Leistungsfähigkeit der Echtzeitanwendung und der geplanten Synchronisationsmechanismen in Bezug auf die Teilnehmerzahl betrachtet werden.

1.2 Aufbau der Studie

Diese Studie beginnt mit einer Einführung in die Grundlagen der virtuellen Realität und deren Darstellung mittels Head-Mounted Displays. Es wird weiterhin auf die Echtzeitaspekte eingegangen, die Aufschluss darüber geben sollen, welche Bewertungskriterien für den Nachweis der Echtzeitfähigkeit von Anwendungen mit Head-Mounted Displays festgelegt werden müssen. Anhand einer Marktanalyse wird die passende Hard- und Software ausgewählt.

Nach dem konzeptionellen Teil, wird der Prototyp für eine Applikation entwickelt, die es den Benutzern ermöglicht, sich in einem gemeinsamen virtuellen Raum umzusehen. Mittels automatisierten Tests werden die Messdaten generiert und zum Nachweis der Echtzeitfähigkeit mit den festgelegten

Bewertungskriterien verglichen. Den Abschluss der Studie bildet die Messtechnische Untersuchung und Analyse, welche Anzahl an Geräten gleichzeitig, unter Einhaltung der Qualitätsbedingungen, synchronisiert werden können.

2 Grundlagen

1965 veröffentlichte der als Vater der Computergrafik bekannte Wissenschaftler Ivan Sutherland das Standardwerk ‚The Ultimate Display'. Dort schildert er die Darstellung eines Raumes, in dem der Computer die Existenz von Materie kontrollieren kann. Er beschreibt, dass durch die richtige Programmierung das Wunderland von Alice entstehen könne.

> *The ultimate display would, of course, be a room within wich the computer can control the existence of matter. A chair displayed in such a room would be good enough to sit in. Handcuffs displayed in such a room would be confining, and a bullet displayed in such a room would be fatal. With appropriate programming such a display could literally be the Wonderland into which Alice walked.*[1]

2.1 Head-Mounted Displays

1968 baute Sutherland mit seinem Studenten Bob Sproull das erste Head-Mounted Display, das er ‚The Sword of Damocles' nannte. Das Display war so schwer, dass es nicht von einem Menschen getragen werden konnte. Es wurde mithilfe eines Gestells an der Raumdecke befestigt (Abb. 2.1.1). Mit diesem Display gelang es Southerland, erste Räume anzuzeigen, die aus einfachen Drahtgittern bestanden. Trotz der einfachen Darstellung war es

---

[1] Sut65, S. 508.

möglich, sich in den erstellten Räumen umzusehen. Die Ausgabe erfolgte durch ein Computerprogramm. Die Perspektive, die durch das Programm ausgegeben werden musste, wurde mithilfe des mechanischen Arms an der Decke des Labors bestimmt.

Das System wurde nur für wissenschaftliche Experimente und zur Entwicklung der virtuellen Realität verwendet. Die technischen Hintergründe beschreibt Sutherland in dem 1968 veröffentlichten Artikel ‚A head-mounted three dimensional display‘[2].

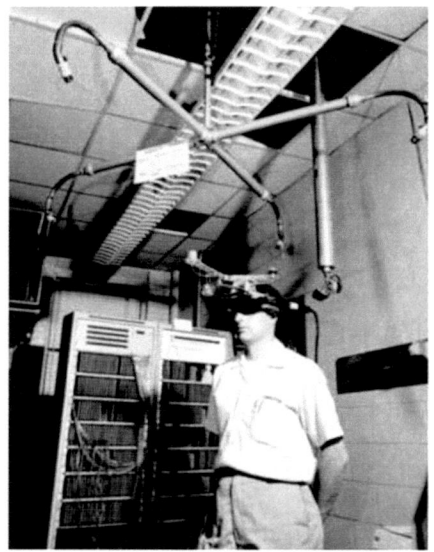

(a) Aufhängevorrichtung und Positionserfassung zur Bestimmung der Blickrichtung.

(b) Head-Mounted Display

Abbildung 2.1.1: Head-Mounted Display von Ivan Sutherland und Bob Sproull.[3]

---

[2]Vgl. Sut.
[3]Die Abbildungen sind entnommen aus Sut, S. 759, 760.

2.1.1 Stereoskopische Darstellung

Head-Mounted Displays, im speziellen auch VR-Brillen oder AR-Brillen genannt, erlauben eine dreidimensionale Darstellung der virtuellen Realität. Dazu bedienen sie sich der Stereoskopie[4]. Beim natürlichen Sehen erzeugt das Gehirn aus den zwei leicht verschobenen Bildern der Augen einen räumlichen Eindruck. VR-Brillen greifen diesen Effekt auf und erzeugen zwei stereoskopische Halbbilder, eines für jedes Auge. Durch eine geringe seitliche Verschiebung erzeugen diese Halbbilder im Gehirn eine räumliche Tiefe und simulieren so das natürliche Sehen. Die Bewegungen des Kopfes werden durch die VR-Brille erfasst und der Computer errechnet die Veränderung der virtuellen Objekte in Bezug auf den Benutzer. Dies ergibt eine kontinuierliche räumliche Darstellung.

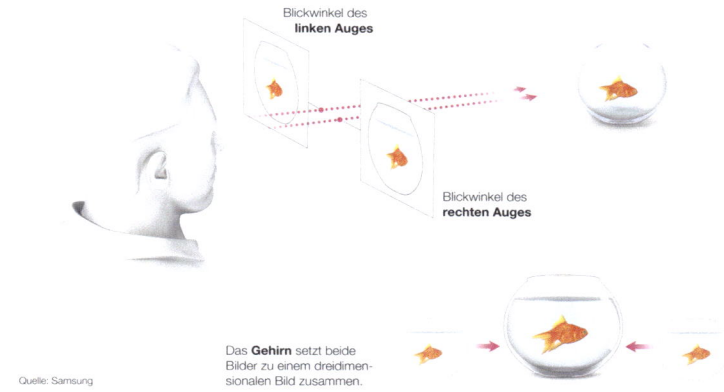

Abbildung 2.1.2: Stereoskopie - Die natürliche räumliche Wahrnehmung.[5]

---

[4]Stereoskopie ist die Wiedergabe einer räumlichen Tiefe, die physikalisch nicht vorhanden ist.

[5]Das Bild wurde entnommen aus Hit.

2.1.2 Displays

Mit den Head-Mounted Displays der Achtziger- und Neunzigerjahre, die sehr schwer und sperrig waren, konnten erstmals stereoskopische Darstellungen realisiert werden. In den aktuellen Head-Mounted Displays sind zwei kleine LCD-Bildschirme[6] eingebaut, die durch die Grafik-Ausgabe eines Computers getrennte Signale für das linke und rechte Auge erhalten.[7]
In der Entwicklung befinden sich aktuell Brillen, die das Videosignal direkt auf die Netzhaut projizieren. Diese Virtual-Retinal Displays (VRDs) bieten gegenüber den Head-Mounted Displays mit LCD-Bildschirmen wesentliche Vorteile. Platzbedarf und Energieverbrauch für die Projektionsleuchtdioden sind gering und es ist keine Fokussierung des Auges notwendig. Die Brillen sind demnach auch für Leute mit Sehschwächen gut geeignet. Ein Beispiel für ein Head-Mounted Display, das die direkte Projektion auf die Netzhaut unterstützt, ist das Avegant Glyph[8].

2.1.3 Head-Tracking

Damit die Head-Mounted Displays eine dem Blickwinkel entsprechende Darstellung bereitstellen können, ist die Erfassung der Position, Lage und Bewegung des Kopfes erforderlich. Für diese Erfassung (Head-Tracking) werden verschiedene Messprinzipien und Technologien benutzt, die Christian Runde in einem Whitepaper[9] wie folgt benennt:

- Erfassung mittels einer 9-DOF-IMU[10]. Dabei werden neun Freiheitsgrade (DOF)[11] gemessen und an eine Software weitergegeben.

---

[6]Flüssigkristallanzeige (engl. liquid crystal display, LCD)

[7]Vgl. Bri09, S. 23-24.

[8]Mehr Informationen auf der Webseite von Avegant Ave.

[9]Vgl. Run14, S. 31-34.

[10]inertiale Messeinheit (engl. inertial measurement unit, IMU)

[11]Freiheitsgrade (engl. Degrees of Freedom, DOF), voneinander unabhängige Bewegungsmöglichkeiten eines Systems.

- Erfassung von Infrarot-Lichtquellen am Head-Mounted Display mit einer externen Infrarotkamera.

- Erfassung der Realumgebung mit einer Tiefenbildkamera, mit der die Entfernung zu den Objekten im Raum gemessen werden kann.

- Erfassung durch hybride Ansätze, wobei meist ein 9-DOF-IMU in Kombination mit optischen Verfahren für die schnelle und auch absolute 6-DOF Erfassung verwendet wird.

Zur Auswertung der Kopfbewegungen ist eine Messung von sechs Freiheitsgraden erforderlich. Damit lassen sich die Drehrate und die Beschleunigung in alle drei Raumrichtungen erfassen.

Die internen Sensoren besitzen zusätzlich ein Drei-Achsen-Magne-to-meter, mit dem eine Richtungsbestimmung nach dem Magnetfeld der Erde ermöglicht wird. Somit kann die Ausrichtung der virtuellen Realität an die reale Welt angepasst werden. Während die Erfassung mit integrierten Sensoren eine Auswertung der relativen Kopfbewegung ermög-licht, kann mit zusätzlichen Sensoren, wie den Infrarot Lichtquellen und einer Kamera, eine absolute Positionierung in einem vorgegebenen Raum erfolgen.

2.1.4 Moderne Head-Mounted Displays

Heutzutage gibt es durch die Weiterentwicklung der Computer einen großen Markt für Head-Mounted Displays, die auch für die breite Öffentlichkeit verfügbar und erschwinglich sind. Das wohl prominenteste Beispiel wurde von Google im Juni 2012 unter dem Namen ‚Google Glass' vorgestellt. Diese Brille ergänzt die Realität durch Informationen, die durch ein transparentes Display im Sichtfeld des Benutzers dargestellt werden. Hierbei handelt es sich nach der Definition von Sutherland jedoch nicht um ein Head-Mounted

Display, da die Darstellung unabhängig von der Kopfposition erfolgt.[12] Es handelt sich hierbei um eine Augmented Reality Anwendung, bei der die tatsächliche Realität durch zusätzliche Informationen erweitert wird. Auch weitere große Hersteller wie Microsoft (Projekt HoloLens) arbeiten aktuell an der Marktreife ihrer Augmented Reality Brillen.

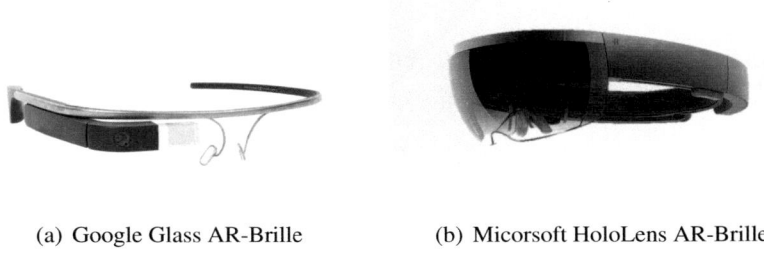

(a) Google Glass AR-Brille   (b) Micorsoft HoloLens AR-Brille

Abbildung 2.1.3: Moderne Head-Mounted Displays[13]

Mit der Entwicklung hochauflösender Displays, konnten auch die ersten modernen Head-Mounted Displays entwickelt werden. Diese Entwicklung wurde durch Hersteller wie Oculus, die mit der Brille ,Oculus Rift' neue Maßstäbe setzten, schnell vorangetrieben.

---

[12]Vgl. Sut.
[13]Die Bilder wurden entnommen aus [Teca] und [Tecb].

Abbildung 2.1.4: Die Virtual Reality Brille, Oculus Rift.[14]

2.2 Virtuelle Realität

Obwohl der Begriff Virtuelle Realität oder auch Virtual Reality bereits
das erste Mal 1982 von dem Autor Damien Broderick in seinem Science-
Fiction-Roman ‚The Judas Mandala'[15] erwähnt wurde, ist es ein noch junges
Wissenschaftsgebiet. Die Entwicklung ist stark von der Weiterentwicklung
verwendeter Hardwarekomponenten abhängig.

In der Literatur gibt es zahlreiche Definitionen für den Begriff der virtuellen
Realität. Bowman et al. definieren virtuelle Umgebungen, die sie mit der
virtuellen Realität gleichsetzen, als eine synthetische, räumliche Welt. Der
Nutzer betrachtet diese Welt aus der Ich-Perspektive und hat die Möglichkeit,
den Blickwinkel in Echtzeit selbst zu bestimmen.[16] Andere Definitionen

---

[14]Das Bild wurde entnommen aus Tecc.
[15]Vgl. Bro82.
[16]Vgl. Bow+05, Kap. 1.3.

gehen noch einen Schritt weiter. Coates beschreibt die Virtuelle Realität als eine elektronische Simulation von Umgebungen, mit der die Nutzer mittels am Kopf befestigter Brillen und verkabelter Kleidung interagieren können.[17] Im Gegensatz zur Augmented Reality Anwendung wird bei der virtuellen Realität nur noch die virtuelle Umgebung dargestellt. Es fehlt der Bezug zur Realität, die von dem Benutzer nicht mehr wahrgenommen werden kann. Wie intensiv das Erlebnis in der virtuellen Welt ist, hängt von mehreren Faktoren ab und wird durch die Begriffe Immersion und Präsenz verdeutlicht.

2.2.1 Immersion

Die Immersion beschreibt den Eindruck, der entsteht, wenn der Benutzer sich in einer virtuellen Welt befindet. Der Immersionsgrad steigt mit den Einflüssen, die in der echten Umgebung ausgeschaltet und im Idealfall in die virtuelle Welt übertragen werden. Umso mehr Sinne dabei stimuliert werden, desto größer ist das virtuelle Erlebnis.

Weiterhin haben die Interaktionsmöglichkeiten, in welcher Art sich die virtuelle Realität durch Aktionen beeinflussen lässt, einen großen Einfluss auf den Immersionsgrad.[18] In einem Artikel von Slater und Wilbur[19] werden vier technische Eigenschaften von Ausgabegeräten genannt, um die Immersion zu charakterisieren:

Inclusive Die Verbindung zur Realität soll möglichst vollständig gekappt werden. Die Eindrücke werden ausschließlich vom Computer generiert.

Extensive Die virtuelle Realität soll mit möglichst vielen Sinnen aufgenommen werden.

---

[17]Vgl. Coa92, S. 74.
[18]Vgl. Bri09, S. 6-7.
[19]Vgl. SW97, Kap. 2.1.

Surrounding Das vom Benutzer gesehene Bild soll nicht auf ein schmales Feld eingeschränkt werden. Die virtuelle Realität soll in einem möglichst breiten Bild (Panorama) dargestellt werden.

Vivid Die verwendeten Ausgabemedien sollen von hoher Qualität sein. Durch eine hohe Auflösung und gute Qualität der verwendeten Displays entsteht ein ‚lebendiger‘ Eindruck.

Weiterhin kann zwischen vollständiger und nicht-vollständiger Immersion unterschieden werden. Während mit den heutigen Virtual Reality Displays schon eine fast vollständige Immersion erreicht werden kann und deshalb auch oft der Begriff ‚immersive VR‘ verwendet wird, kann mit stereoskopischen Darstellungen auf normalen Desktop-Systemen, dadurch dass die Abgrenzung zur Realität nicht gegeben ist, nur eine ‚nicht-immersive VR‘ erreicht werden.[20]

2.2.2 Präsenz

Während Immersion in erster Linie den Grad des Eintauchen und Erlebens betrifft, zielt der Begriff Präsenz auf den Zustand des ‚Dort-Seins‘ (engl. being there) ab.[21] Dieser ist kontextabhängig und bezieht sich auf das gesamte Erleben in Form von den erzählten Geschichten, den Charakteren, der Gestaltung und wie sich diese Elemente stimmig zusammenfügen.[22] Es geht hier um die subjektive Empfindung, mit der die virtuelle Realität erlebt wird. In der Vergangenheit wurden dazu verschiedene Untersuchungen durchgeführt. Es wurden Einschätzungen durch Fragebögen erhoben, der Grad der Präsenz anhand von physiologischen Daten gemessen oder anhand des Verhaltens der Probanden bestimmt.[23]

---

[20]Vgl. Bri09, S. 37.
[21]Vgl. Ral+13, S. 18.
[22]Vgl. SW97, Kap. 2.1.
[23]Vgl. SU92.

2.3 Echtzeitaspekte von Virtual Reality Anwendungen

In VR-Systemen wird der Grad der Immersion wesentlich von den Echt-
zeitfähigkeiten der Systeme beeinflusst. Durch Interaktionen des Benutzers
werden die Handlungen aus der realen Welt mit der virtuellen Welt verknüpft
und stehen somit im direkten Zusammenhang.

2.3.1 Latenz

Treten die Resultate dieser Interaktionen mit einer zu hohen Verzögerung
auf, ist es für den Nutzer schwierig den Zusammenhang herzustellen, was
zu einer nicht-immersiven Anwendung führt. Werden zur Darstellung Head-
Mounted Displays verwendet, bei denen die Realität nicht mehr wahrgenommen werden kann, wirkt sich eine hohe Latenz negativ auf das Wohlbefinden
des Nutzers aus. Es können Schwindel und Übelkeit auftreten.
Unter dem Begriff Latenz wird im Zusammenhang mit VR-Systemen die
gesamte im System entstehende Latenz verstanden. Meehan et al.[24] beschrei-
ben die Latenz als die Verzögerung, die vom Auslösen einer Aktion oder
Bewegung des Nutzers bis zum Erscheinen der Resultate im Display vergeht. Dazu haben sie Versuche mit verschiedenen Testgruppen durchgeführt
und festgestellt, dass die Zahl der Personen mit Schwindelgefühlen deutlich ansteigt, wenn die Latenz im VR-System von 50 ms auf 90 ms erhöht
wird. Akzeptable Latenzen liegen nach Brooks[25] zwischen 150 und 250
ms, wobei bei heutigen Anwendungen und Systemen eine Latenz von unter
50 ms erreicht werden sollte. In einem viel kommentieren Blogeintrag[26]
von Michael Abrash aus dem Jahr 2012 wird aus Erfahrungswerten eine
Latenz von 20 ms als die akzeptable Latenz für VR-Systeme und eine Latenz
von 15 ms als optimal beschrieben. Eine Latenz von 20 ms bedeutet eine

---

[24]Vgl. Mee+03.
[25]Vgl. Bro99, S. 18-19.
[26]Abr12.

14

Aktualisierungsfrequenz von 50 Hz. Da für Menschen bereits eine Frequenz von 14 Hz ausreicht, um die Illusion einer kontinuierlichen Bewegung zu erreichen, scheint eine Aktualisierungsfrequenz von 50 Hz recht hoch. Allerdings werden die Bilder erst ab einer Frequenz von 100 Hz als wirklich flimmerfrei wahrgenommen. Weiterhin spielen Laut M. Buhr et al.[27] bei den Head-Mounted Displays die Schwankungen der Wiederholraten eine große Rolle. Bei einer Aktualisierungsfrequenz von 100 Hz, welche einer Wiederholrate von 100 Bildern pro Sekunde entspricht, sollten die dargestellten Bilder, um ein optimales Resultat zu erzielen, in gleichen Abständen von 10 ms zur Anzeige gebracht werden. Treten Schwankungen in der Aktualisierungsfrequenz auf, wird dies vom Nutzer als Jitter[28] wahrgenommen.

Die Latenzen in einem VR-System entstehen wie in Abbildung 2.3.1 gezeigt durch das Zusammenspiel der einzelnen Komponenten. M. Buhr et al.[29] teilen die auftretenden Latenzen in fünf Gruppen ein. Die Tracking-Latenz entsteht bei der Erfassung der Bewegungen durch das Head-Mounted Display und die darin verbauten Sensoren. Bei der Übertragung der Sensorsignale entsteht eine Transport-Latenz. Sobald die Signale als Eingangsstream in der Anwendung anstehen, müssen diese ausgewertet und verarbeitet werden. Die dabei auftretende Latenz wird als Simulations-Latenz bezeichnet. Ist die Anwendung mit einem Bearbeitungsschritt fertig, wird unter Berücksichtigung der Generierungs-Latenz ein neues Rendering erstellt, welches dann an die Ausgabe weitergegeben wird. Dabei entstehen wiederum Darstellungs-Latenzen, die von den verwendeten Displays und der Hardware des Head-Mounted Displays abhängen.

---

[27]Vgl. Ral+13, S. 200.
[28]Für den Betrachter wahrnehmbare Schwankungen im Übertragungs- bzw. Darstellungstakt
[29]Vgl. Ral+13, S. 198-200.

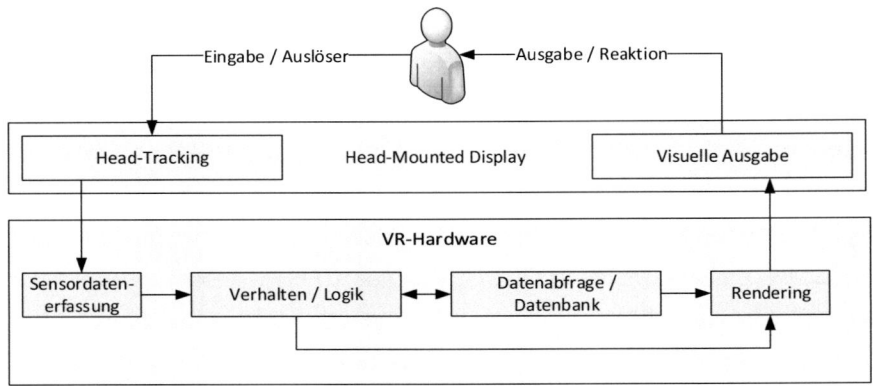

Abbildung 2.3.1: Zusammenspiel der Komponenten in einem VR-System.

Da bei der Synchronisation mehrerer VR-Systeme verschiedene Systeme miteinander arbeiten, ergibt sich eine zusätzliche Latenz, die als Externe-Transport-Latenz bezeichnet werden kann (Abb. 2.3.2). Diese Latenz spiegelt die Zeiten für die Netzwerkübertragung der Informationen wider. Zu beachten ist hierbei, dass diese Informationen auf dem entfernten System in den nächsten anstehenden Aktualisierungsprozess einfließen müssen. Das bedeutet, im ungünstigsten Fall muss mit der Latenz von zwei Systemen plus der Externen-Transport-Latenz gerechnet werden.

Die auftretenden Transport-Latenzen sind von mehreren Faktoren abhängig. Switches und Router arbeiten in der Regel nach dem Store-and-Forward-Prinzip. Dies führt zu der sogenannten Store-and-Forward-Verzögerung (Transmission delay).

Diese Verzögerung resultiert aus der Wartezeit, die vergeht, bis das komplette Datenpaket empfangen wurde, bevor es zum nächsten Gerät weitergesendet wird.

Aus der Netzwerkgeschwindigkeit (R) und der Paketlänge (L) kann das Übertragungsdelay (d_{trans}) ermittelt werden. Unter Verwendung einer 100 Mbit/s

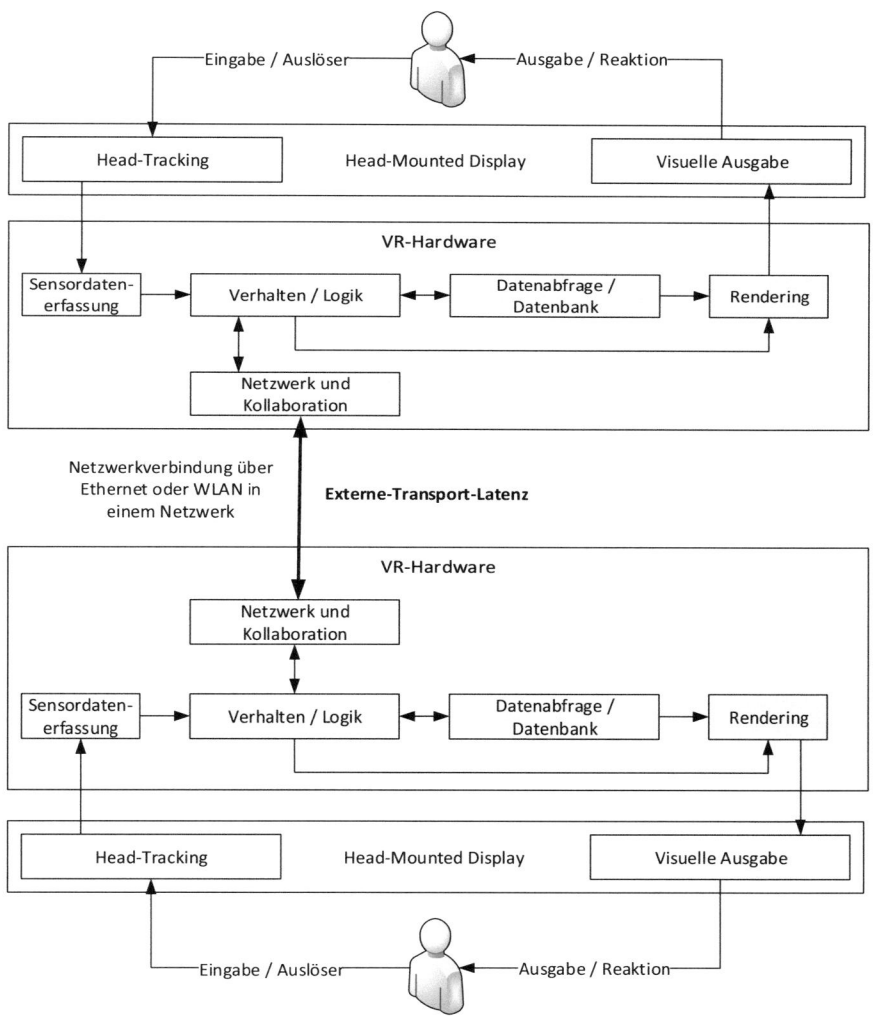

Abbildung 2.3.2: Kollaboration in verteilten VR-Systemen.

Netzwerkverbindung bei einer Paketlänge von 1500 Byte (Ethernet-Frame mit 1480 Byte Nutzdaten und 20 Byte TCP Header), beträgt das Übertragungsdelay 120 μs (Gleichung 2.1).

$$
\begin{aligned}
L &= 1500 \; Byte \\
R &= 100 \; Mbit/s \\
d_{trans} &= \frac{L}{R} = \frac{1500 \; \text{Byte} \cdot 8 \; \text{bit/Byte}}{100 \; \text{Mbit/s}} = 120 \; \mu s
\end{aligned}
\tag{2.1}
$$

Das Delay in einem unbelasteten Netzwerk beruht hauptsächlich auf der Store-and-Forward-Verzögerung. Des Weiteren führt die interne Verarbeitung im Switch bzw. Router zu einem zusätzlichen Delay (Processing delay). Da die Abstände zwischen den Geräten in diesem Anwendungsfall meist nur wenige Meter betragen, kann das Delay durch die elektrische Signallaufzeit (Propagation delay) vernachlässigt werden.

In einem belasteten Netzwerk tritt außerdem durch die ggf. gefüllten Warteschlangen ein zusätzliches Delay (Queuing delay) auf. Dieses Delay ist abhängig vom Füllstand der Queues[30] und somit nicht exakt vorhersehbar. Aus der Anzahl der Links (Anzahl der Geräte -1) und der Summe der einzelnen Komponenten ergibt sich das Ende-zu-Ende Delay.

$$
d_{end-end} = N \cdot (d_{transmission} + d_{processing} + d_{propagation} + d_{queuing})
$$

In Tabelle 2.3.1 werden einige Latenzen dargestellt, die zusätzlich bei der Verbindung mehrerer VR-Systeme über eine Netzwerkverbindung auftreten können. Diese Latenzen sind mit einer angenommenen Paketlänge von 1500 Byte berechnet.

Auf Netzwerkebene lassen sich die entstehenden Latenzen nicht ohne weitere Betrachtung zur Berechnung der Ende-zu-Ende Latenz verwenden. Eine

---

[30]Warteschlange (engl. queues), Eine Datenstruktur zum zwischenspeichern von Objekten.

Übertragungs-Latenz beschreibt nur den Transport eines einzelnen Datenpaketes, in das im besten Fall alle zu übertragenden Daten eines Bewegungsereignisses passen. In den meisten Fällen treten in den Tracking-Systemen aber deutlich größere Datenmengen auf, so dass für eine Berechnung die genaue Datenmenge bekannt sein müsste.[31]

Übertragungstyp	Übertragungsrate	Latenz
Wireless		
IEEE 802.11b	11 Mbit/s	1,09 ms
IEEE 802.11a/g	54 Mbit/s	0,27 ms
IEEE 802.11n	300 Mbit/s	0,04 ms
Ethernet		
IEEE 802.3u	100 Mbit/s	0,12 ms
IEEE 802.3ab	1 Gbit/s	0,012 ms
IEEE 802.3an	10 Gbit/s	0,0012 ms
IEEE 802.3ba	40 Gbit/s	0,0003 ms

Tabelle 2.3.1: Übersicht der Übertragungsraten und Latenzen in einem Netzwerk bei einer Größe der Nutzdaten von 1500 Byte.

Ein weiterer wichtiger Aspekt für das entstehende Delay ist das verwendete Protokoll. Das Transmission Control Protocol (TCP) ist ein zuverlässiges und verbindungsorientiertes Protokoll, daher hat es den Nachteil, dass vor einer Übermittlung von Daten ein Verbindungsaufbau durchgeführt werden muss. Aufbau, Erhalt und Abbau der Verbindung wird anhand von TCP Flags (Sitzungsbefehle) kontrolliert. Während das SYN-Flag anzeigt, dass eine Verbindung aufgebaut werden soll, bestätigt das ACK-Flag den Empfang der Daten. Abbildung 2.3.3 stellt den Datenaustausch zwischen Client und Server dar, wobei durch den TCP-Header pro Paket ein Overhead von mindestens 20 Byte erzeugt und weiterverarbeitet wird.

---

[31]Vgl. Ral+13, S. 201-202.

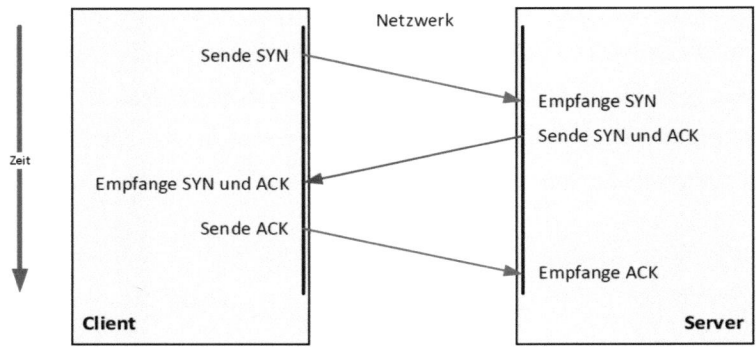

Abbildung 2.3.3: TCP-Handshake

Ein weiterer Nachteil eines verbindungsorientierten Protokolls ist, dass eine Verbindung nur zwischen zwei Geräten aufgebaut werden kann. Eine Nachricht, die gleichzeitig an mehrere Geräte gesendet wird, ist somit nicht möglich.

Aufgrund dieser Makel wird bei zeitkritischen Anwendungen mit vielen Nutzern das unzuverlässige und verbindungslose User Datagram Protocol (UDP) eingesetzt. Dies hat den Vorteil, dass durch den geringen Verwaltungsaufwand eine schnelle Datenübertragung erfolgen kann. Durch den nur 8 Byte großen Header kann der Overhead im Vergleich zu TCP mehr als halbiert werden. Durch die Verwendung von Broadcast und Multicast ist ein Versenden der Daten an mehrere Empfänger gleichzeitig möglich. Da das Protokoll verbindungslos ist, muss vor der Übertragung kein Handshake erfolgen. Hierbei muss allerdings beachtet werden, dass die Software fehlertolerant gegenüber einem Paketverlust oder einer Änderung der Paketreihenfolge sein sollte.

2.3.2 Netzwerksynchronisation

Bei der Synchronisation mehrerer Geräte ist es nicht zwingend notwendig über das Netzwerk eine minimale Latenz von 20 ms zu erreichen, da die Interaktionen anderer Nutzer nicht mit der persönlichen Wahrnehmung aus der Realität im Zusammenhang steht. Um einen Zusammenhang zwischen Interaktionen in der virtuellen Realität und denen in der realen Welt herstellen zu können, ist entweder eine gemeinsame Aktion oder eine andere physikalische Verbindung erforderlich.

Eine gemeinsame Aktion in der virtuellen Welt kann eintreten, wenn mit einer geringen zeitlichen Differenz von mindestens zwei Teilnehmern die gleiche Aktion ausgeführt wird. Dies ist vergleichbar mit einer Raumbeleuchtung, die von mehreren Stellen ein- bzw. ausgeschaltet werden kann. Ist die von Teilnehmer A eingeleitete Interaktion bei Teilnehmer B noch nicht sichtbar, macht dieser die Aktion durch eine erneute Betätigung rückgängig, da der Server beide Befehle hintereinander ausführt.

Zu den physikalischen Verbindungen kommt es in diesem Zusammenhang, wenn sich die Nutzer im selben Raum befinden und ihre Umwelt gemeinsam wahrnehmen. Vorstellbar wird dies in einer geführten Präsentation, bei der die Teilnehmer zur visuellen Unterstützung VR-Brillen tragen. Sobald der Moderator über die Handlungen in der virtuellen Welt spricht, entsteht ein Zusammenhang zwischen realer und virtueller Welt, wobei größere Latenzen die Immersion stark mindern können.
Dies wird ebenfalls zu einem Problem, wenn bei der Präsentation oder der Nutzung einer gemeinsamen Anwendung Audio- und Videoinhalte wiedergegeben werden. Werden in der virtuellen Welt Informationen in Form eines Videos gezeigt dessen Ton über ein Lautsprechersystem im realen Raum wiedergegeben wird, in dem sich mehrere Teilnehmer befinden, führt

schon eine kurze Verzögerung der Videos dazu, dass die Anwendung nicht mehr immersiv ist. Das Media and Acoustics Perception Lab (MAPL) hat in einer Studie untersucht, welche Verzögerung zwischen Audiosignal und Videosignal von Personen festgestellt werden können. In der Studie ging es hauptsächlich um die im Fernsehen relevante Synchronisation zwischen Lippenbewegung und dem dazugehörigen Audiosignal. Als Resultat der Experimente wurde angegeben, dass eine Verzögerung des Audiosignals erst ab einem Schwellenwert von 185.19 ms bei einer Standardabweichung von 42.32 ms erkennbar wird. Als eine gerade noch akzeptable Größe kann daher eine Latenz von 185 ms angenommen werden. Inakzeptable Verzögerungen des Videosignals gegenüber dem Audiosignal werden mit ca. 90 ms ange-geben[32]. Das diese Schwelle deutlich niedriger liegt, wenn das Videosignal verzögert wird lässt sich damit erklären, dass der Schallgeschwindigkeit von ca. 340 m/s in der Luft eine Lichtgeschwindigkeit von 299.792.458 m/s gegenüber steht. In der natürlichen Umgebung des Menschen wird somit auch zuerst das optische Element wahrgenommen.

Es kann festgehalten werden, dass bei der Synchronisation ohne Bezug zur realen Welt eine Latenz von mehreren 100 ms durchaus akzeptabel ist und damit eine flüssige Wahrnehmung synchronisierter Inhalte erreicht werden kann. Dabei kommt es auf die Interaktionsmöglichkeiten und die durch gleichzeitig stattfindende Interaktionen entstehenden Fehler an. Wird ein Bezug zur realen Welt hergestellt, liegt die Schwelle deutlich niedriger, weshalb eine Latenz kleiner 90 ms als akzeptable Größe angenommen werden kann.

---

[32]Vgl. YC08.

2.3.3 Zeitsynchronisation

Zur Überprüfung der Latenzen wird ein Messverfahren verwendet, dass in einem verteilten System arbeitet und in dem verschiedene Endgeräte Zeitstempel generieren. Da die Endgeräte mit unterschiedlichen Zeitgebern arbeiten, die wegen ihrer Ungenauigkeit über eine größere Zeitspanne nicht synchron laufen, müssen die Schwankungen der Zeitgeber korrigiert werden. Es gibt verschiedene Verfahren, die einen Abgleich der Systemzeiten ermöglichen. Eine plattformunabhängige Möglichkeit zur Synchronisation bietet das Network-Time-Protocol (NTP).

Dies ist ein Standard zur Synchronisation von Uhren, mit dem die Systemzeiten verschiedener Geräte im Netzwerk abgeglichen werden können. Der Standard wurde 1985 von David L. Mills entwickelt. Bei diesem Synchronisierungsverfahren wird die Differenz zwischen der Zeit des Clients und der Zeit eines speziellen Zeitservers bestimmt.[33]

Das NTP-Protokoll legt eine Hierarchie von Zeitservern fest. Die höchste Stufe bilden die Stratum-1 Server, die ihre Zeit von einer direkt angeschlossenen Atom- oder Funkuhr beziehen. Die nächste Stufe bilden die Stratum-2 Server. Es sind Abstufungen bis Stratum-15 möglich.
Eine Abfrage des Zeitservers liefert einen 64 Bit langen Zeitstempel. Die ersten 32 Bit codieren die Sekunden, die seit dem 01. Januar 1900 00:00:00 Uhr vergangen sind. Mit den letzten 32 Bit wird der Sekundenbruchteil codiert.[34] Mit dem Zeitstempel kann ein Zeitraum von 2^{32} Sekunden, was in etwa 136 Jahren entspricht, mit einer theoretische Auflösung von bis zu 0,23 Nanosekunden dargestellt werden.

---

[33] Vgl. Mil89.
[34] Vgl. Mil89.

In Abbildung 2.3.4 sind die einzelnen Zeitpunkte zur Bestimmung des Offsets und der Round-Trip Verzögerung angegeben. Aus diesem Wert muss die Differenz zur aktuellen Systemzeit berechnet werden. Dafür werden die folgenden Werte benötigt:

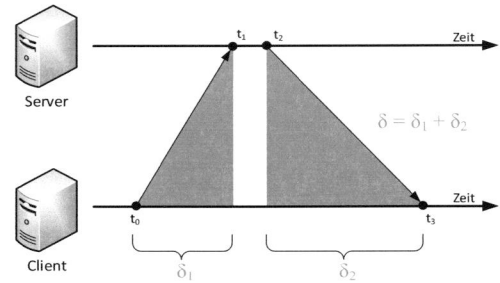

Abbildung 2.3.4: Round-Trip Verzögerung δ.

t_0 Zeitstempel des Clients beim Senden der Anfrage

t_1 Zeitstempel des Servers beim Empfangen der Anfrage

t_2 Zeitstempel des Servers beim Senden der Antwort

t_3 Zeitstempel des Clients beim Empfangen der Antwort

Aus diesen Werten kann mit Gleichung 2.2 das Offset θ und mit Gleichung 2.3 die Round-Trip Verzögerung δ berechnet werden. Die Round-Trip Verzögerung bedeutet dabei die Zeit, die das Datenpaket vom Sender zum Empfänger und wieder zurück benötigt. Das Offset ist die berechnete Zeitdifferenz zischen der lokalen Systemzeit und der aktuellen Zeit des NTP-Servers.

$$\theta = \frac{(t_1 - t_0) + (t_2 - t_3)}{2} \qquad (2.2)$$
$$\delta = (t_3 - t_0) - (t_2 - t_1) \qquad (2.3)$$

2.4 Einsatzgebiete von Virtual Reality Anwendungen

Mittlerweile findet man Virtual Reality Anwendungen in allen Bereichen unserer Gesellschaft. Zunächst in den Sektoren der Wissenschaft, Forschung und Militär genutzt, ist dabei vor allem die Computerspielindustrie zu nennen, die inzwischen durch ihre Entwicklung die anderen Bereiche überholt hat. Auch in Bereichen wie dem Journalismus oder der Markenkommunikation ergeben sich neue Marktchancen. Mittels virtueller Realität ist es möglich, Benutzer an andere Orte zu versetzen. Das Betrachten und Erkunden von historischen Orten, neuen Immobilien oder Baustellen stellt kein Problem mehr da. Der Kauf eines neuen Automobils könnte in Zukunft zu einem virtuellen Erlebnis für den Kunden werden. Mit der VR-Brille könnten Interessenten ihr neues Auto schon beim Konfigurieren von allen Seiten und sogar von innen betrachten. Dabei bestehen die virtuellen Welten nicht mehr nur aus am Computer generierten Grafiken. Auch fotorealistische Abbildungen können mithilfe von 360 Grad Kameras aufgenommen und in der virtuellen Realität dargestellt werden.

Dies wiederum eröffnet beispielsweise neue Möglichkeiten für die Touristikbranche. Hotels, Urlaubsorte und interessante Städte können vorab mit der virtuellen Realität erkundet werden. So bietet der Reisekonzern Thomas Cook seinen Kunden seit 2015 in ausgewählten Reisebüros virtuelle Urlaubstrips und Hotelrundgänge an. Dabei können die Kunden durch fotorealistische 360 Grad Ansichten Touren durch das nächste geplante Urlaubsziel schon vor der Buchung erleben. Thomas Cook startete mit diesem Angebot in Deutschland, Großbritannien und Belgien. Nach einem Pilotprojekt werden die Meinungen der Kunden über mehrere Monate gesammelt und daraus das weitere Vorgehen bestimmt. Bis zum jetzigen Zeitpunkt, liegen keine Ergebnisse dieser Umfrage vor.[35]

---

[35]Vgl. tho15.

3 Konzept

Vor der Implementierung einer VR-Anwendung ist eine ausführliche Analyse der Anforderungen unabdingbar. Dabei müssen die Anforderungen so detailliert betrachtet werden, dass daraus ein Konzept zur Umsetzung entstehen kann. Es muss bestimmt werden, für welche Hardware die Anwendung entwickelt wird und welche Softwarekomponenten benötigt werden.

3.1 Analyse der Softwareanforderungen

Die Softwareanforderungen für VR-Anwendungen hängen stark vom spezifischen Anwendungskontext ab, wodurch nur wenige allgemeine Anforderungen genannt werden können. Portierungen von einem System auf andere Systeme kommen in der Regel nicht oder nur selten vor. Grundsätzlich liegt das Augenmerk auf der Performance, die ein entscheidendes Merkmal für die Immersion ist. Ein entscheidender Maßstab für die Performance und damit auch die erreichbare Immersion sind die Bildwiederholfrequenz und die Latenzen. Diese hängen in erster Linie von der verwendeten Hardware ab. Allerdings muss das verwendete Framework die Hardware effizient nutzen, um optimale Werte in diesen Bereichen zu erzielen. Weiterhin muss die Anwendung in Echtzeit auf Interaktionen des Benutzers reagieren. Die Informationen aus der Hardware müssen möglichst schnell von der Software ausgewertet und weiterverarbeitet werden.

Eine wichtige Komponente, die von der verwendeten Software unterstützt werden muss, ist die Netzwerkfähigkeit. Damit eine Synchronisation mit anderen VR-Systemen aufgebaut werden kann, muss das verwendete Framework die Netzwerkkommunikation von Grund auf unterstützen und zulassen. Es ist von Vorteil, wenn diese Funktionalitäten auf einer hohen Abstraktionsebene zur Verfügung gestellt und die erforderliche Netzwerkverbindung im Hintergrund aufbaut und verwaltet werden.

Neben den technischen Aspekten gibt es Anforderungen, die von der entwickelnden Firma oder dem Kunden an die verwendeten Softwarekomponenten gestellt werden. So ist es beispielsweise sinnvoll, eine Entwicklungsumgebung oder Programmiersprache zu verwenden, die auch in anderen Softwareprojekten verwendet wird und in anderen Umgebungen angewendet werden kann. Gerade bei Projekten, in denen auf zuvor entwickelte, fertige Komponenten aus anderen Projekten zurückgegriffen wird, kommen diese Anforderungen zum Tragen.

Im geschäftlichen Umfeld wird für viele Projekte auf die Programmiersprache C# von Microsoft zurückgegriffen. C# ist eine leistungsfähige Programmiersprache, die auf dem .NET Framework von Microsoft aufsetzt. Das .NET Framework ist eine Klassenbibliothek, die eine Reihe von fertigen Klassen zur Verfügung stellt, die den Zugriff auf viele Betriebssystemdienste erlauben und den Entwicklungsprozess somit deutlich beschleunigen. Als Code-Editor kommt die von Microsoft zur Verfügung gestellte Entwicklungsumgebung Visual Studio zum Einsatz. Die Entwicklungsumgebung vereint einen Compiler, Projektvorlagen, Designer, Code-Assistenten und einen leistungsfähigen und einfach zu bedienenden Debugger. Die Verwendung von bekannten und etablierten Softwarekomponenten, Programmiersprachen und Tools sollte bei der Bewertung und Auswahl entsprechender Komponenten beachtet werden.

Ein weiteres Augenmerk muss bei der Entwicklung auf die verwendete Grafik- bzw. Game-Engine gelegt werden. Dafür werden die unterschiedlichsten bekannte Tools eingesetzt. Für die Bearbeitung von 3D-Grafiken wird sehr oft die von der Firma Maxon herausgegebene Software Cinema 4D verwendet. Zur Bearbeitung von Grafiken und Videos stehen die Adobe-Produkte Photoshop, Illustrator und After Effects zur Verfügung.

Da zur Entwicklung der VR-Anwendung eine Game-Engine benutzt wird, sollte darauf geachtet werden, dass die Benutzung der Game-Engine einer der verwendeten Softwareprodukte ähnelt. Grundsätzlich ist aber festzuhalten, dass die Grafik Engine nicht zum Erstellen der 3D-Objekte und Umgebungen genutzt werden sollte. Diese werden weiterhin in den erwähnten Programmen erstellt und in die Game-Engine importiert. Die verwendete Engine sollte deshalb einen Import der unter Cinema 4D erstellten 3D-Objekte ermöglichen. Weiterhin ist zu berücksichtigen, dass 2014 bereits eine AR-Anwendung entwickelt wurde. Diese ist mit der Game-Engine Unity erstellt worden. Daher gibt es schon Erfahrungen, auf die bei der weiteren Entwicklung zurückgegriffen werden kann.

Um die richtigen Softwarekomponenten für die VR-Anwendung auswählen zu können, wird eine Marktübersicht der verfügbaren Komponenten benötigt.

3.2 Marktübersicht der Softwarekomponenten

Alle Anbieter von VR-Brillen stellen ein Software-Development-Kit, kurz SDK[1], zur Verfügung, um die Entwicklung von Software für die eigene Plattform zu fördern. Mit Ausnahme der Playstation VR ist der Zugang frei und die Entwicklung mit den aktuell verfügbaren Geräten möglich.

---

[1]Ein Software-Development-Kit ist ein Paket, das Programmcodes, Schnittstellen und in der Regel auch Anleitungen zur Verfügung stellt. Die Pakete können in eigene Softwareentwicklungen eingebunden und benutzt werden.

Bei den SDKs handelt es sich meist um Plugins für die drei wichtigsten Game-Engines:

- Unity

- Unreal Engine

- CryEngine

Google und Samsung bieten zudem native SDKs für die Entwicklung von Software ohne Zuhilfenahme einer bestehenden Game Engine an. Als Programmiersprache wird Java eingesetzt. Die Hauptfunktionalität der SDKs betrifft die korrekte Darstellung für das doppelte Rendering (für jedes Auge). Weitere Funktionen, wie Netzwerkunterstützung oder Integration von Social Media, müssen manuell implementiert werden. Dabei ist es zudem notwendig, die dreidimensionale Darstellung in OpenGL[2] eigenhändig zu implementieren. Dies ist ohne Zuhilfenahme einer Game Engine sehr aufwändig und fehleranfällig.

Es werden deshalb die drei bekanntesten und etablierten Game-Engines besprochen und vorgestellt. Anhand der in den Tabellen 3.2.1 und 3.2.2 dargestellten Eigenschaften, wird darauf aufbauend die für den Prototyp am besten geeignetste Engine ausgewählt und zur Implementierung verwendet. Wie ähnlich sich die Game-Engines sind, macht Abbildung 3.2.1 deutlich. Die Abbildung zeigt das jeweilige Hauptfenster mit den zur Verfügung gestellten Toolboxen. Auf die Details, in denen sich die vorgestellten Anwendungen unterscheiden, wird nachfolgend eingegangen.

---

[2]Offene Grafikbibliothek (engl. Open Graphics Library, OpenGL)

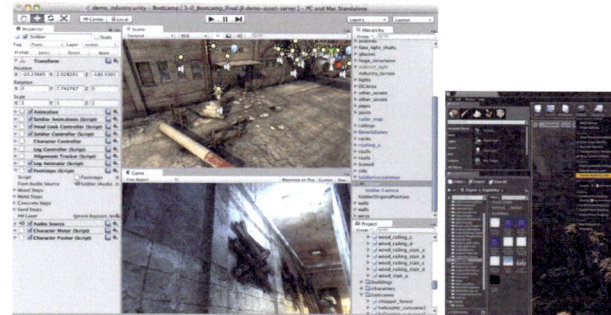

(a) Unity Editor　　　　　　　　(b) Unreal Engine Editor

(c) CryEngine Editor

Abbildung 3.2.1: Ähnlichkeit der wichtigsten drei Game-Engines hier am Beispiel der Hauptansicht des Editors.[3]

Von den etablierten Game-Engines bietet Unity die breiteste Unterstützung für VR-Brillen. Durch ihre Beliebtheit gibt es zudem eine große Anzahl an Dokumentationen und Beispielanwendungen. Unity unterstützt die drei Programmiersprachen: C#, UnityScript (JavaScript Dialekt) und Boo (Python Dialekt). Durch ein sehr lebhaftes Ecosystem von Erweiterungen bietet Unity Unterstützung für verschiedene Einsatzzwecke. Diese reichen von einfachen Plugins zur Visualisierung der Spielperformance bis hin zu aufwändigen Systemen, die das Umsetzten von Multiplayer-Anwendungen erlauben.

---

[3]Die Abbildungen sind entnommen aus [Uni16], [Sie14] und [Cry13].

Auch die Unreal Engine unterstützt viele der aktuellen VR-Brillen. Die eingesetzte Programmiersprache ist C++. Der wesentliche Unterschied zu Unity und der CryEngine ist das eingebaute Blueprint-System. Während die anderen Engines das Erstellen des Codes nur in einem Codeeditor ermöglichen, bietet das Blueprint-System eine einfache Möglichkeit, Logik visuell zu implementieren (Abb. 3.2.2). Ähnlich zu Unity bietet auch die Unreal Engine einen Marktplatz für Erweiterungen an.

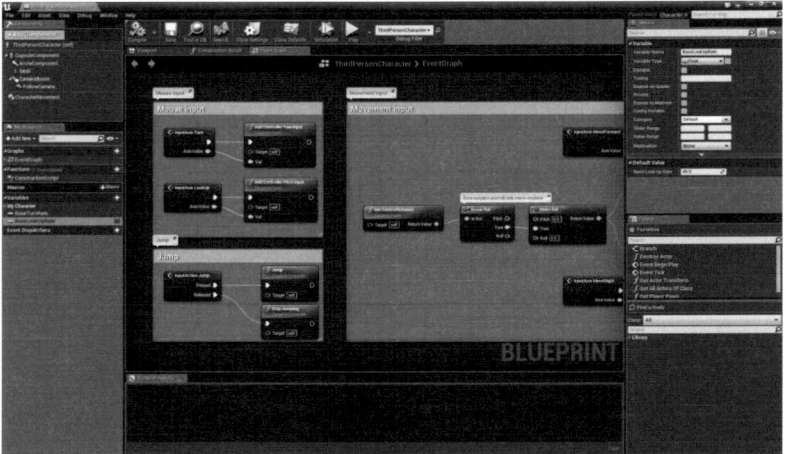

Abbildung 3.2.2: Unreal Engine Blueprint Editor zum einfachen und visuellen Erstellen der Logik.[4]

CryEngine unterstützt bisher nur die kabelgebundenen VR-Brillen Oculus Rift und HTC Vive, die Benutzung einer kabellosen Brille ist nicht möglich. Als Programmiersprache wird neben C++ die Scriptingsprache Lua unterstützt. Auch für die CryEngine wird ein Marktplatz angeboten, der sich allerdings auf Assets[5] beschränkt.

---

[4]Die Abbildung ist entnommen aus Sie14.
[5]Bezeichnet im Bereich Content-Management Inhalte wie Daten, Dateien oder Medien.

Die Abbildung 3.2.1 bietet eine Übersicht, über die Entwicklungsmöglich-keiten der verschiedenen Game-Engines.

Game Engine / System	Unity	Unreal Engine	CryEngine
Netzwerkfähigkeit			
Client-Server-Netzwerk	✓	✓	✕
Netzwerkfähigkeit	High-Level API Low-Level Transport Layer	High-Level API	High-Level API
Entwicklung			
Gafischer Logikeditor	✕	✓	✕
Programmiersprachen	C#, UnityScript, Boo	C++	C++, Lua
Kosten			
Freie Version	✓	✕	✓
Kostenpflichtige Version	✓	✓	✓

Tabelle 3.2.1: Entwicklungsmöglichkeiten der verschiedenen Game-Engines.

Nicht unerheblich für die Auswahl des Systems bzw. der Game-Engine ist die Unterstützung für die angestrebte Zielplattform. Es ergibt sich dabei die in Tabelle 3.2.2 dargestellt Übersicht.

Zusätzlich zu den vorgestellten Lösungen gibt es die Bestrebung, mit dem Einsatz von APIs[6], die verschiedene VR-Systeme unterstützen, VR-Anwendungen unabhängig von den verwendeten Geräten zu machen. Steam, der Hersteller der HTC Vive, hat mit der Veröffentlichung der Open-VR API einen ersten Schritt in diese Richtung gewagt. Razer, der Anbieter von Gaming Hardware, hat mit OSVR eine Alternative zu OpenVR veröffent-licht. Beide Systeme lassen sich in die Unity und Unreal Engine integrieren, um die Entwicklung von VR-Software geräteunabhängig zu gestalten.

---

[6]Ein Application Programming Interface (API) ist eine Schnittstelle, die ein Softwaresystem bereitstellt, um dieses in andere Programme einzubinden.

Game Engine / System	Unity	Unreal Engine	CryEngine
Desktop			
Windows	✓	✓	✓
Mac	✓	✓	✗
Linux (Steam)	✓	✓	✓
Mobile			
iOS	✓	✓	✗
Android	✓	✓	✗
Windows	✓	✗	✗
VR Hardware			
HTC Vive	✓	✓	✓
Oculus Rift	✓	✓	✓
Samsung Gear VR	✓	✓	✗
Playstation VR	✓	✓	✗
Konsolen			
Playstation	✓	✓	✓
Xbox	✓	✓	✓
Wii	✓	✗	✗
3DS	✓	✗	✗
TV			
tvOS	✓	✗	✗
Samsung SMART TV	✓	✗	✗
Android TV	✓	✗	✗
Web			
WebGL	✓	✗	✗
Web/HTML5	✗	✗	✗

Tabelle 3.2.2: Vergleich der unterstützten Systeme je Game-Engine.

3.3 Analyse der Hardwareanforderungen

Für die Umsetzung der VR-Anwendung können eine Reihe von Hardwarean-forderungen genannt werden. Primär sind diese Anforderungen stark vom jeweiligen Einsatzzweck abhängig. Dennoch kann eine Bewertung anhand verschiedener Merkmale erfolgen. Die Hardware sollte zum Erreichen einer hohen Immersion eine möglichst große Auflösung und ein breites Sichtfeld bieten. Weiterhin ist eine schnelle Verarbeitung der Sensordaten bzw. eine schnelle Aufnahme der Kopfposition zum Erreichen einer hohen Immersion erforderlich. Letztendlich spielt auch der Kostenfaktor bei der Anschaffung eine erhebliche Rolle. Wird für die Brille zusätzlich ein leistungsstarker PC benötigt, fallen hohe Kosten an.

Zur Ermittlung der Hardwareanforderungen sollte auch immer das Umfeld betrachtet werden, in dem die Hardware eingesetzt wird. Da die VR-Anwendung im vorliegenden Fall hauptsächlich im Marketingbereich auf Messen und Veranstaltungen eingesetzt werden soll, ist eine Unterstützung der kabellosen VR-Brillen zwingend erforderlich. Auch eine Verwendung der VR-Anwendung zur Kommunikation im privaten Umfeld setzt eine kabellose Variante, bei der das Smartphone in Verbindung mit einem Head-Mounted Display genutzt werden kann voraus. Auf nahezu allen modernen Mobiltelefonen können VR-Anwendungen installiert werden.

3.4 Marktübersicht der Hardwarekomponenten

Der Consumer-Markt für VR-Brillen hat eine große Nachfragesteigerung durchlaufen, als die VR-Brille Oculus Rift, die 2012 über eine Crowdfunding Platform finanziert wurde, 2014 von Facebook aufgekauft wurde. Danach folgten Industriegrößen wie Google, Samsung, Sony, HTC und Valve und kündigten ebenfalls eigene Produkte an. Die erste erfolgversprechende Brille bleibt jedoch die kabelgebundene Oculus Rift, die allerdings einen sehr performanten Computer zur Berechnung der Bilder voraussetzt. In Kooperation mit HTC kündigte Valve, als Betreiber des weltweit größten Marktplatzes für PC Computerspiele, die ebenfalls kabelgebundene VR-Brille HTC Vive an. Fast zeitgleich kündigte der Industriegigant Sony eine eigene Entwicklung für seine Spielkonsole Playstation an. Als dritte große VR-Brille wird auch die Playstation VR kabelgebunden sein und soll ausschließlich für die Spielkonsole zur Verfügung stehen. Dies ist die einzige VR-Brille die aktuell (Frühjahr 2016) noch nicht erhältlich ist. Google verfolgte einen komplett anderen Ansatz und stellte im Juni 2014 das Google Cardboard vor, welches kabellos war und die Nutzung des eigenen Smartphones voraussetzte. Wie der Name vermuten lässt, handelt es sich dabei um ein vergleichbar günstiges Produkt aus Pappe und Plastiklinsen. Ende 2014 folgte Samsung mit einer Weiterentwicklung des Google Cardboard Ansatzes und stellte das Samsung Gear VR vor, welches ebenfalls kabellos war, aber ein Samsung Smartphone voraussetzte.

Grundsätzlich lassen sich die wichtigsten VR-Brillen aktuell in zwei große Kategorien einteilen: kabelgebunden bzw. PC basiert und kabellos bzw. Smartphone basiert. Die kabelgebundenen Brillen richten sich an Enthusiasten und ambitionierte Spieler, während die kabellosen Smartphone Lösungen, bedingt durch den einfachen Aufbau und die geringe Startinvestition, eine breite Zielgruppe ansprechen.

Durch den Einsatz leistungsfähiger Hardware weisen kabelgebundene Brillen eine niedrige Latenz auf, welche als Basismerkmal zur Bewertung der Qualität von VR-Anwendungen dient. Auch bei der Grafikleistung und Auflösung sind diese Geräte den Smartphone-Lösungen überlegen. Diese Nachteile wiegen die Smartphone VR-Brillen durch ihre einfache Bedienung auf. Sie haben einen ‚Zwischendurch-Charakter‘, der es einfach macht, die VR-Brille kurzzeitig und schnell für Demonstrationszwecke einzusetzen. Die Abbildungen 3.4.1 und 3.4.2 zeigen die wesentlichen Unterschiede der beiden Systeme und spiegeln die Daten, die für einen Vergleich herangezogen werden können wider.

Eigenschaften / Produkt	Oculus Rift	HTC Vive	Playstation VR
Hardware			
Host-System	PC	PC	Playstation
Anschluss	kabelgebunden	kabelgebunden	kabelgebunden
Visuelle Aspekte			
Auflösung (px)	2160 x 1200	2160 x 1200	1920 x 1080
Auflösung pro Auge	1200 x 1080	1200 x 1080	960 x 1080
Pixel pro Grad (diagonal)	ca. 16,14	ca. 14,68	ca. 14,45
Sichtfeld	ca. 100°	ca. 110°	100°
Wiederholfrequenz	90 Hz	90 Hz	120 Hz
Anpassungen			
Pupillenabstand	anpassbar	unbekannt	unbekannt
Fokus	✓	✓	✓
Bewegung im VR Raum			
Trackingbereich	1,5m x 3,3m	4,5m x 4,5m	1,9m x 2,4m
Sensorik			
Beschleunigungssensor	✓	✓	✓
Gyroskop	✓	✓	✓
Magnetometer	✓	✓	✗
Positionierung	✓	✓	✗
Positionierungsart	Infrarot-LED	Laser	✗
Kamera	✗	✓	
Anschlüsse			
USB	✓	✓	✓
HDMI	✓	✓	✓
Mini-USB	✗	✓	✗
Kosten			
Preis VR Hardware	ca. 520 Euro	ca. 695 Euro	ca. 312 Euro
Benötigtes Zubehör	Leistungsstarker PC	Leistungsstarker PC	Playstation
Preis für benötigtes Zubehör	ca. 1300 Euro	ca. 1300 Euro	349 Euro
Gesamtkosten	**ca. 1820 Euro**	**ca. 1995 Euro**	**ca. 661 Euro**

Tabelle 3.4.1: Vergleich von kabelgebundenen VR-Systemen.

Eigenschaften / Produkt	Cardboard	Gear VR (S6)
Hardware		
Host-System	Smartphone (S6)	Smartphone, bisher unterstützt: Samsung S4, S6, S7
Anschluss	Kabellos	Kabellos
Visuelle Aspekte		
Auflösung (px)		2560 x 1440
Auflösung pro Auge	abhängig vom verwendeten Smartphone	1280 x 1440
Pixel pro Grad (diagonal)		ca. 20,07
Sichtfeld	100°	96°
Wiederholfrequenz	abhängig vom verwendeten Smartphone	60 Hz
Anpassungen		
Pupillenabstand	nicht anpassbar	55 - 71 mm
Fokus	✖	✔
Bewegung im VR Raum		
Trackingbereich	kein	kein
Sensorik		
Beschleunigungssensor		
Gyroskop		
Magnetometer	abhängig vom verwendeten Smartphone	abhängig vom verwendeten Smartphone
Positionierung		
Positionierungsart		
Kamera		
Anschlüsse		
USB	✖	✖
HDMI	✖	✖
Mini-USB	✖	✔
Kosten		
Preis VR Hardware	10 - 30 Euro	99 Euro
Benötigtes Zubehör	Smartphone	Smartphone
Preis für benötigtes Zubehör	300 - 700 Euro	300 - 700 Euro
Gesamtkosten	**ca. 520 Euro**	**ca. 599 Euro**

Tabelle 3.4.2: Vergleich von mobilen VR-Systemen.

3.5 Auswahl der Komponenten

Die unterschiedlichen Bewertungskriterien für die Hard- und Software müssen aufgelistet und gewichtet werden. Da es Abhängigkeiten zwischen den Komponenten gibt, die zu einem Ausschluss führen, werden zuerst die Hardwareaspekte betrachtet.

3.5.1 Hardware

Neben den technischen Kriterien ist die Auswahl der Hardware in vielen Fällen von den Vorlieben des Kunden abhängig. Es fließen deshalb Erfahrungen aus vergangenen Projekten in die Bewertung mit ein. Werden diese Kriterien aus Sicht eines anderen Kunden betrachtet, können sich auch die Gewichtungen der einzelnen Kriterien ändern.

Kabellos/kabelgebunden Der für viele Kunden entscheidendste Punkt ist die Art der VR-Brille. Die meisten unserer Kunden bevorzugen eine kabellose Variante, da der Bewegungsradius sehr hoch ist.

Während man einem vorbeilaufenden Kunden eine kabellose VR-Brille in die Hand geben und er sie an Ort und Stelle ausprobieren kann, muss für ein kabelgebundenes System immer ein bestimmter Ort bzw. eine bestimmte Position aufgesucht werden. Ein Nachteil besteht allerdings darin, dass kabellose Geräte mit einem Smartphone betrieben werden, welches aufgrund der hohen Grafikauslastung eine geringe Akkulaufzeit aufweist. Die Geräte benötigen daher einen höheren Serviceaufwand, da Ersatzgeräte vorgehalten und in einem bestimmten Zyklus getauscht werden müssen. Kabellose Systeme haben außerdem den Nachteil, dass sie einfach entwendet werden können. In den Geräten werden die neuesten Smartphones eingesetzt, die sich mit einem Handgriff entnehmen lassen. Es müssen folglich zusätzliche Vorkehrungen gegen Diebstahl getroffen werden.

Sensorik Bei der Sensorik, die zum Erfassen der Kopfposition benutzt wird, wurde zwischen externen und internen Sensoren unterschieden. Bezüglich der Geschwindigkeit gibt es bei den verwendeten Sensoren kaum Unterschiede. In der Regel werden Abtastraten bis 1000 Hz erreicht. Bei einem Einsatz auf Veranstaltungen und Messen könnte es allerdings zu erheblichen Problemen mit dem optischen Head-Tracking kommen, da in vielen Fällen eine Infrarotkamera und Infrarot-LEDs verwendet werden. Auf größeren Messeveranstaltungen ist es üblich, für die Beleuchtung von Ausstellungsstücken oder Messeständen Tageslichtscheinwerfer einzusetzen, die einen hohen Lichtanteil im Infrarotbereich haben, der bei einem optischen Tracking zu Problemen führen kann. Somit kann ein reibungsloser Einsatz eines Trackings mittels Infrarotkamera nicht gewährleistet werden. Andere Systeme, die mit einer Tiefenkamera arbeiten, können unter Umständen durch geänderte Lichtverhältnisse oder andere Personen auf dem Messestand beeinflusst werden. Die Erfassung mittels eines internen 9-DOF-IMU Sensors scheint am sinnvollsten.

Performance und Immersion Dies ist bei der Auswahl der Komponenten ein sehr wichtiger Punkt. Es hängt ganz wesentlich von der Immersion ab, ob die Anwendung oder das VR-System überhaupt von den Kunden angenommen werden und Beachtung finden. Hier gibt es in Bezug auf die Grafikleistung einen wesentlichen Unterschied zwischen kabellosen und kabelgebundenen Systemen. Die kabelgebundenen Systeme werden an einen PC angeschlossen, der eine viel höhere Performance erreicht als ein Smartphone. Dadurch können viel aufwändigere Grafiken gerendert und in der Brille dargestellt werden. Die kabelgebundenen Systeme erreichen durch die höhere Leistungsfähigkeit der PC-Grafikkarten mit maximal 120 Hz höhere Wiederholfrequenzen als kabellose Systeme. Die Einschränkungen, die durch den Einsatz eines Smartphones entstehen, sind daher immens und es kommt darauf an, welche Inhalte gezeigt werden sollen. Wird eine sehr detailreiche Darstellung mit vielen Objekten und Einzelheiten gewünscht, führt an einer kabelgebundenen VR-Brille wie der Oculus Rift kein Weg vorbei. Weiterhin bieten die kabelgebundenen Brillen bei der Synchronisation über das Netzwerk Vorteile. Die Verbindung kann über ein Ethernet-Netzwerk[7] hergestellt werden, das je nach Netzwerkhardware eine Übertragung mit bis zu 100 Gbit/s gewährleistet, während ein Smartphone nur mit dem WLAN verbunden werden kann und daher eine maximale Übertragungsrate von 300 Mbit/s erreicht.

Die technischen Details, die zu einer hohen Immersion führen, sind bei den Brillen meist gleich oder heben sich gegenseitig auf. Das Sichtfeld der Brillen unterscheidet sich kaum und liegt in einem Bereich zwischen 96 und 110 Grad, wobei sich die kabellosen Varianten eher im unteren Bereich ansiedeln. Dafür ist durch die Entwicklung der Smartphones eine höhere Auflösung insgesamt und damit auch eine höhere Auflösung pro Grad möglich.

Trackingbereich Der als Trackingbereich angegebene Faktor untergliedert sich in zwei Teilbereiche. Obwohl bei der Oculus Rift ein Trackingbereich von 1,5m x 3,3m angegeben ist, wird damit nur der Bereich gekennzeichnet, in dem eine Erfassung der Kopfbewegungen möglich ist. Dies resultiert aus der optischen Erfassung mittels einer Infrarotkamera und deren Erfassungsbereich. Bei der Gear VR ist eine derartige Einschränkung nicht nötig, da nur interne Sensoren verwendet werden.

Die HTC Vive wiederum ermöglicht in dem angegebenen Bereich von 4,5m x 4,5m eine absolute Positionierung im Raum, die mittels eines

---

[7]Ethernet-Netzwerk steht hier und im Folgenden für ein kabelgebundenes Netzwerk nach IEEE 802.3

optischen Trackings realisiert wird. Da eine Erfassung im Raum nicht benötigt wird und diese auch mit einem hohen Aufwand verbunden ist, überwiegen die Vorteile der Smartphone-Varianten.

Eingabemöglichkeiten/Interaktionsmöglichkeiten Neben der eingebauten Sensorik für das Head-Tracking besitzen manche VR-Brillen weitere Eingabemöglichkeiten. Die HTC Vive wird mit zwei Hand-Controllern ausgeliefert, die ebenfalls eine Position an das System liefern. Weiterhin besitzen diese verschiedene Buttons, um in der virtuellen Realität Aktionen auszulösen. Mit diesen zusätzlichen Controllern kann die Handposition des Nutzers erfasst werden. Somit wird es möglich, genau zu bestimmen, auf welche interaktive Schaltfläche der Nutzer drückt oder nach welchem Gegenstand gegriffen wird. Andere Brillen wie die Gear VR von Samsung haben ein zusätzliches Touchpad, mit dem Eingaben in dem System getätigt werden können. Dies kann in bestimmten Szenarien auch zur Änderung der eigenen Position genutzt werden. Weiterhin bietet dies eine einfache Möglichkeit, Eingaben in einem Menü zu machen.

Insgesamt überwiegen die Vorteile der kabellosen VR-Systeme aufgrund ihrer unkomplizierten Nutzbarkeit und der im Vergleich zu den kabelgebundenen Systemen geringen Kosten bei der Anschaffung. Während die kabelgebundenen Systeme aufgrund der größeren Rechenleistung detailreichere Darstellungen ermöglichen, ist bei den mobilen Systemen die Auflösung des Displays meist etwas größer. Die schnellere Kommunikation über eine Ethernetschnittstelle könnte sich bei großen Datenmengen positiv auf die Performance auswirken.

Bei den kabellosen Systemen muss also zwischen dem Google Cardbord und der Samsung Gear VR entschieden werden, wobei die Vorteile des Samsung Gerätes klar überwiegen. Da es das Cardbord nur in einer Größe

Game Engine / System		Gewichtung	Oculus Rift	HTC Vive	Playstation VR	Cardboard	Gear VR (S6)
Hardwaretyp							
Kabellos	Der für den Kunden wichtigste Aspekt	20%	⊗	⊗	⊗	◐	◐
Sensorik							
intern (9-DOF-IMU)	Zuverlässigste Erfassung	0%	◐	◐	◐	◐	◐
extern (Infrarot)	Könnte zu Fehlern führen	-5%	◐	◐	◐	⊗	⊗
extern (Tiefensensor)	Könnte zu Fehlern führen	-5%	⊗	⊗	⊗	⊗	⊗
Performance / Immersion							
Grafikleistung	Je nach Anwendung	10%	◐	◐	◐	⊗	⊗
Wiederholfrequenz	Je nach Anwendung	10%	◐	◐	◐	⊗	⊗
Sichtfeld	Je nach Anwendung	10%	◐	◐	◐	◐	◐
Netzwerkanschluss	Je nach Anwendung	10%	◐	◐	◐	⊗	⊗
Tracking							
Absolute Positionierung		10%	⊗	◐	⊗	⊗	⊗
Eingabemöglichkeiten							
Touchpad	Einfach zusätzliche Eingaben möglich	15%	⊗	⊗	⊗	⊗	◐
Handcontroller	Nicht sehr wichtig aber positiv zu werten	5%	⊗	◐	⊗	⊗	⊗
Kosten							
Preis < 1000 Euro	Kundenaspekt	20%	⊗	⊗	◐	◐	◐
Gesamtwertung		**100%**	**35%**	**50%**	**35%**	**50%**	**65%**

Tabelle 3.5.1: Entscheidungsgrundlage aus Sicht des Kunden.

Game Engine / System		Gewichtung	Oculus Rift	HTC Vive	Playstation VR	Cardboard	Gear VR (S6)
Hardwaretyp							
Kabelgebunden	Zuverlässig und performant	20%	◐	◐	◐	✗	✗
Sensorik							
intern (9-DOF-IMU)	Zuverlässigste Erfassung	20%	◐	✗	◐	◐	◐
extern (Infrarot)	Könnte zu Fehlern führen	-5%	◐	◐	◐	✗	✗
extern (Tiefensensor)	Könnte zu Fehlern führen	-5%	✗	✗	✗	✗	✗
Performance / Immersion							
Grafikleistung	Je nach Anwendung	5%	◐	◐	◐	◐	✗
Wiederholfrequenz	Je nach Anwendung	5%	◐	◐	◐	◐	✗
Sichtfeld	Je nach Anwendung	5%	◐	◐	◐	◐	◐
Netzwerkanschluss	Wichtig	20%	◐	◐	◐	✗	✗
Kompatibilität							
Geräteunabhängigkeit	Unabhängig von einem bestimmten PC oder Smartphone	15%	◐	◐	✗	◐	✗
Kosten							
Preis < 1000 Euro		20%	✗	✗	✗	◐	◐
Gesamtwertung		100%	85%	65%	70%	60%	45%

Tabelle 3.5.2: Entscheidungsgrundlage - technische Gesichtspunkte.

gibt und sich dieses mit den harten Kanten nicht an das Gesicht anschmiegt, ist man nicht vollständig von der Realität abgeschnitten, was zu Lasten der Immersion geht. Zudem bietet das Cardboard keine zusätzliche Sensorik oder Eingabemöglichkeit, weshalb für die Testanwendung die Samsung Gear VR-Brillen verwendet werden.

3.5.2 Software

Im Gegensatz zur Auswahl der Hardwarekomponenten spielen bei den Softwarekomponenten die Bedürfnisse des Kunden eine untergeordnete Rolle. Können die geforderten Funktionen mit der Software umgesetzt werden, lassen sich in den Endergebnissen für den Kunden keine Unterschiede feststellen. Deshalb werden die Erfahrungen und Kompetenzen des Entwicklers und der umsetzenden Firma höher gewichtet. Zur Auswahl der Softwarekomponenten werden folgende Kriterien betrachtet:

SDK oder Game-Engine Als wichtigstes Merkmal kann zwischen der Nutzung eines von den Herstellern zur Verfügung gestellten SDK oder einer Game-Engine unterschieden werden. Das SDK bietet die bessere Hardwareunterstützung, dafür muss eine eigene Implementierung für die Infrastruktur, wie Grafikausgabe, Rendering von 3D-Objekten und Erfassung der Sensorik mit Auswertung geschrieben werden. Wenn diese Implementierungen nicht optimal ausgeführt werden, kann die Nutzung des SDK sogar ganz klare Performance-Verluste mit sich bringen.

Einfacher ist die Implementierung der Anwendung mit einer Game-Engine. Diese stellt eine Entwicklungsumgebung zur Verfügung und beinhaltet meist optimierte Implementierungen für die genannten Infrastrukturaufgaben. Da jeder Hersteller PlugIns für die aktuellen Game-Engines bereitstellt, die auch eine gute Anbindung der Hardware ermöglichen, entsteht hierdurch kein Nachteil. Allerdings muss beachtet werden, dass die aktuellen Game-Engines so viele Funktionen bereitstellen, die mit in den Optimierungsprozess einfließen, dass eine Konzentration der Performance auf eine spezifische Aufgabe, etwa die Synchronisation zwischen den Geräten, nicht optimal stattfinden kann.

Hardwareunterstützung Die betrachteten Game-Engines Unity und Unreal sind in der Lage, die Software für fast alle Geräte zu kompilieren und zur Verfügung zu stellen. Es ist meist mit einer einfachen Umstellung des Build-Target (Zielplattform) möglich, eine Anwendung für die verschiedenen Betriebssysteme zu erstellen. Da für die verwendete VR-Hardware ein PlugIn des jeweiligen Herstellers benötigt wird, muss im Falle einer Umstellung der VR-Hardware ein Austausch des PlugIns erfolgen. Dies beschränkt sich zunächst auf den Austausch der virtuellen Kamera. Die Logik und der Code müssen nicht oder nur in einem geringen Umfang geändert werden. Die vorgestellte CryEngine unterstützt keine mobilen Endgeräte und ist daher zur Entwicklung des Prototypen nicht geeignet.

Netzwerkunterstützung Alle Game-Engines bieten Unterstützung für die Erstellung von Multiplayer-Anwendungen. Dazu wird eine High-Level API bereitgestellt, die einfache Methoden zum Erstellen einer Client-Server Struktur bereitstellt. Der Entwickler muss sich in diesem Fall nicht um die Details der Netzwerkimplementierung kümmern, kann aber auf den unteren Ebenen der Netzwerkkommunikation auch keine Änderungen vornehmen. Alle Implementierungen bauen eine Client-Server Struktur auf, so dass zur Kontrolle der Verbindungen die Kommunikation über einen zentralen Server läuft. Dieser Rechner kann allerdings gleichzeitig als Client und Server genutzt werden, was keine zusätzliche Hardware erforderlich macht.

Unity bietet zusätzlich eine Implementierung auf der Ebene des Transport-Layers an, mit der eine Implementierung der geforderten Funktionalitäten zwar schwieriger, die Möglichkeiten allerdings weitaus größer sind.

Import/Export Alle Game-Engines unterstützen das Importieren von verschiedenen Formaten. Als Austauschformat zu verschiedenen anderen Grafikanwendungen können die Dateiformate .FBX, .dae (Collada), .3DS, .dxf oder .obj verwendet werden. FBX, obj und Collada werden von vielen Anwendungen unterstützt. Auch im Internet finden sich viele 3D-Objektdateien, die in den Formaten FBX oder obj vorliegen und in die gängigen Anwendungen importiert werden können. Unity unterstützt weiterhin den direkten Import aus verschiedenen Anwendungen wie Cinema 4D. CryEngine unterstützt den nativen Import aus den Anwendungen 3DS Max und Maya.

Tools und Programmiersprachen Die zur Auswahl stehenden Engines bieten ein breites Spektrum an Möglichkeiten. Während die CryEngine und die Unreal Engine auf C++ als Programmiersprache setzen, kann in Unity mit den Sprachen C#, UnityScript und Boo entwickelt werden. Da C# auch in vielen anderen Projekten eingesetzt wird, führt dies zu schnelleren Ergebnissen bei der Entwicklung. Weiterhin können Komponenten, die bereits für andere Projekte entwickelt wurden, weiterverwendet werden. Die Unreal Engine bietet als einzige die Möglichkeit, Logik in einem visuellen Editor zu erstellen. Dazu sind wenig Programmierkenntnisse erforderlich. Unity bietet zusätzlich eine Integrationsmöglichkeit in Visual Studio. Dies hat viele Vorteile, da Visual Studio umfangreiche Debugging-Möglichkeiten und weitere Tools zur Erstellung des Codes bietet.

Game Engine / System		Gewichtung	Unity	Unreal Engine	CryEngine
Kompatibilität					
kabelgebundene Geräte		10%	✓	✓	✓
kabellose Geräte		10%	✓	✓	✗
Netzwerkunterstützung					
High-Level API		20%	✓	✓	✓
Low-Level API		10%	✓	✗	✗
Import / Export					
über Austauschformat		20%	✓	✓	✓
Nativ	Kompatibel mit anderen verwendeten Anwendungen	10%	✓	✗	✗
Tools / Programmiersprachen					
In anderen Anwendungen verwendet?		20%	✓	✗	✗
Gesamtwertung		100%	100%	60%	50%

Tabelle 3.5.3: Entscheidungsgrundlage für die verwendete Game-Engine.

Aus den Betrachtungen der einzelnen Kriterien für die Hard- und Software können folgende Schlüsse gezogen werden: Die Anwendung wird für die kabellose Gear VR von Samsung entwickelt. Die grafische Entwicklung wird in der Game-Engine Unity umgesetzt, da diese mit der Integration in Visual Studio und den zur Verfügung gestellten Netzwerkfunktionen die größte Flexibilität bietet.

4 Softwareimplementierung

Die Synchronisation mehrerer VR-Brillen und die Untersuchung der Latenzen erfordert die Entwicklung mehrerer Softwarekomponenten. Die Mobiltelefone benötigen eine Anwendung zur Darstellung der virtuellen Realität, die mit der VR-Hardware benutzt werden kann und beim Starten eine Verbindung mit dem Server herstellt. Der PC dient als Server und steuert den Datenaustausch der verbundenen Clients. Zur messtechnischen Untersuchung der Latenzen wird eine Komponente entwickelt, die eine Erfassung von Messdaten während der Kommunikation zwischen den Geräten ermöglicht. Die Kommunikation kann bei den verwendeten Mobiltelefonen nur über WLAN erfolgen. Es wird daher ein weiterer Client für den PC erstellt, der es ermöglicht, die Latenzen bei einer Verbindung über Ethernet und einer Ausführung der Anwendung auf dem selben Computer zu untersuchen.

Die entwickelte Software besteht aus einem Projekt, das sowohl die Client-, als auch die Server-Funktionen beinhaltet. Durch das plattformabhängige Kompilieren von Unity kann die Software für verschiedene Zielplattformen erstellt werden.
Während für die Erstellung der virtuellen Welt, der 3D-Objekte und zur Verwaltung aller einzelnen Komponenten in einem Projekt die in Abschnitt 3.5 festgelegte Game-Engine Unity verwendet wird, findet die Bearbeitung des Quellcodes in Visual Studio statt. Zum Debuggen des Codes kann der Debugger von Visual Studio mit Unity verbunden werden.

Weiterhin wird Git als Versionsverwaltung verwendet. Dies ermöglicht die Erfassung von Änderungen an den im Projekt verwendeten Dateien. Die Änderungen der verschiedenen Versionen werden gespeichert und können zu einem späteren Zeitpunkt rückgängig gemacht und nachvollzogen werden. Die verschiedenen Aufgaben der Tools gehen aus Abbildung 4.0.1 hervor.

Erstellen und bearbeiten der Codedateien

Debuggen der Anwendung (Breakpoints und anzeige aller Werte)

Grafische Erstellung der virtuellen Umgebung

Zusammenführen der einzelnen Komponenten

Erstellen der fertigen Anwendungen (Kompilieren)

Ausführen im Editor zum Testen der Anwendung

 Verwalten verschiedener Quellcodeversionen

Abbildung 4.0.1: Tools zur Softwareentwicklung - Die einzelnen Aufgaben der Entwicklungsumgebung, Game-Engine und Quellcodeverwaltung.

4.1 Prototyp für die messtechnische Untersuchung

Die Anwendung besteht aus der in Abbildung 4.1.1 dargestellten virtuellen Umgebung. Auf ausschmückende grafische Elemente wird, um die Performance der Mobiltelefone nicht zu beeinträchtigen, verzichtet.

Die Teilnehmer, im Folgenden als Clients bezeichnet, werden auf einer Plattform platziert. Da diese sich gegenseitig sehen können, werden sie durch einen Avatar[1] visualisiert. Als Interaktionsobjekt sehen alle Clients eine Leinwand, die in einem festgelegten Intervall, ausgelöst durch einen Client, die Farbe von Rot nach Blau und von Blau nach Rot ändert.

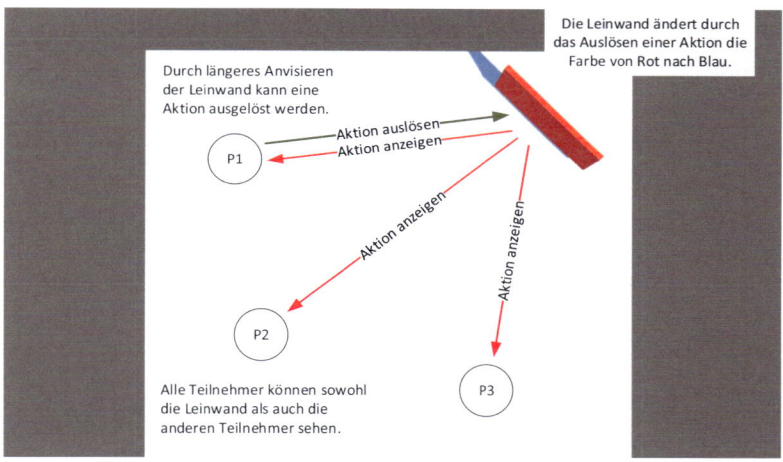

Abbildung 4.1.1: Entwurf für das Layout der virtuellen Umgebung.

Da jeder Client durch die VR-Brille die Möglichkeit hat, sich frei in der virtuellen Realität umzusehen, wird es für andere Clients interessant, in welche Richtung die verschiedenen Clients gerade sehen. Dazu werden außer den absoluten Positionen auch die Kopfbewegungen synchronisiert und in der virtuellen Welt dargestellt. Um die Kopfbewegungen der realen Person als Blickrichtung in der virtuellen Welt zu visualisieren, wird der Avatar durch eine Kugel mit einem Zylinder als Nase ergänzt. Der komplette Avatar wird dadurch wie in Abbildung 4.1.2 in der virtuellen Welt dargestellt.

---

[1] Ein Avatar ist eine künstliche Person oder Grafikfigur, die einem Benutzer in der virtuellen Welt zugeordnet werid.

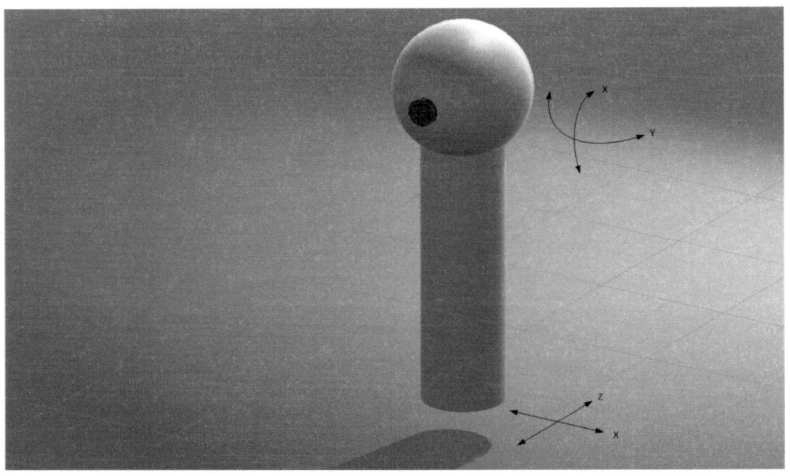

Abbildung 4.1.2: Avatar zur Darstellung der Clients.

Alle Informationen werden so über das Netzwerk synchronisiert, dass diese von allen Clients empfangen und in der eigenen Anwendung dargestellt werden können. Diese Informationen werden von dem Server zu den Clients synchronisiert, wodurch sich der in Abbildung 4.1.3 dargestellte, verteilte Aufbau ergibt. Um die Synchronisierung der einzelnen Clients zu erreichen, müssen diese zum Programmstart eine Verbindung mit dem Server aufbauen und zur Kommunikation offen halten.[2] Dabei wird die von Unity bereitgestellte High-Level API (HLAPI) eingesetzt.

---

[2]Gemeint ist hier keine offene Verbindung auf Netzwerkebene, sondern eine logische Verwaltung durch die Game-Engine.

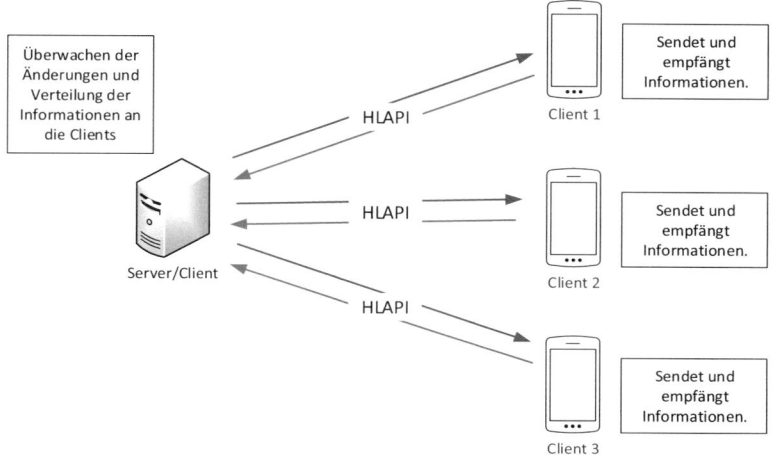

Abbildung 4.1.3: Verteilung der Informationen zwischen Server und Client.

Die fertige Anwendung, die sowohl Client- als auch Server-Funktionen bereitstellt, kann in dem Editor von Unity dargestellt und zum Debuggen benutzt werden. Dies hat den Vorteil, dass man in der Konstruktionsansicht (Abb. 4.1.4 links) die Hauptkamera so verschieben kann, dass sie einen Überblick über die gesamte Anwendung ermöglicht. Die Sicht aus der Perspektive des Clients wird in Abbildung 4.1.4 rechts dargestellt.

4.2 Entwicklung der Anwendung

Es ist eine Software zu erstellen, die neben der Darstellung einer virtuellen Welt auch Netzwerkfunktionen beinhaltet. Die Funktionalität der Software kann in die folgenden vier Hauptbereiche geteilt werden:

- Darstellung der virtuellen Welt und der darin vorhandenen 3D-Objekte. Funktionalität, die es erlaubt, mit den Objekten zu interagieren.

---

[3]Screenshots aus der Anwendung Unity.

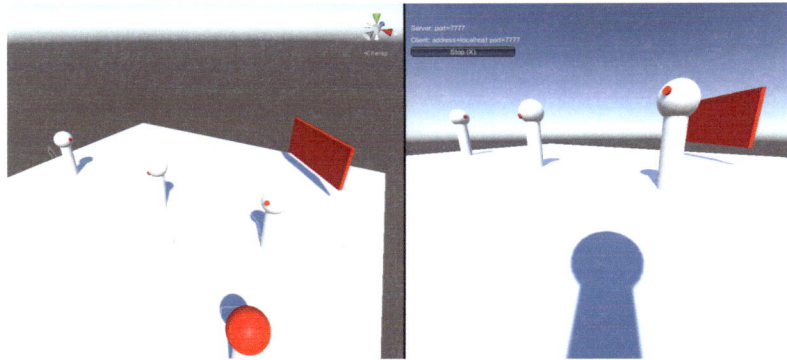

Abbildung 4.1.4: Anwendung im Unity Editor mit 4 verbundenen Clients. Links: Konstruktionsfenster des Editors. Rechts: Ansicht aus der Perspektive eines Clients.[3]

- Unterstützung für die VR-Brille als Hardwareinterface. Stellt Funktionen bereit, die es erlauben, eine VR-Brille als Eingabemedium zur Änderung der Blickrichtung zu verwenden. Weiterhin wird das Ausgabebild in einer stereoskopischen Ansicht dargestellt.

- Netzwerkfunktionen, die benötigt werden, um mehrere Clients untereinander zu synchronisieren. Stellt Funktionen bereit, die benötigt werden, um sich mit dem Server zu verbinden und auf Nachrichten und Änderungen der Objekte zu reagieren. Obwohl es sich um eine Client-Server-Beziehung handelt, kann der Server gleichzeitig als Client genutzt werden und wird als Host bezeichnet.

- Messtechnische Funktionalität zur Messung der auftretenden Latenzen zwischen den einzelnen Clients.

Die Software wird wie in Abschnitt 3.5 beschrieben in der Programmiersprache C# entwickelt. Verschiedene zur Entwicklung der Anwendung benötigte Komponenten werden als Paket eingebunden.

Abbildung 4.2.1: Unity Projektexplorer[6]

4.2.1 Entwicklungsumgebung

Das Projekt wird in der Game-Engine Unity angelegt und verwaltet. Unity bietet dafür ein Projekt-Fenster, in dem alle Assets angelegt werden. Diese Assets umfassen natürliche Modelle wie Spielfiguren, aber auch Quellcode-dateien und Skripte sowie Texturen, Audio- und Video-Sequenzen.[4]
Neben den Assets, die aus anderen Programmen eingefügt werden können, bietet Unity eine Reihe von primitiven Objekten. Diese Objekte (Cube, Sphere, Capsule, Cylinder, Plane und Quad) können benutzt werden, um in Unity zusammengesetzte Objekte zu erstellen.[5] Weiterhin können Pakete, die eine ganze Reihe von Assets bereitstellen, importiert werden. Einzelne Assets werden mit dem Explorer der Ordnerstruktur hinzugefügt und somit in Unity verfügbar gemacht (Abb. 4.2.1).

Für die zu entwickelnde Anwendungen wird in Unity eine neue Szene erstellt. Diese enthält alle Objekte, die in der Anwendung benötigt werden.

---

[4]Weitere Infos zum Projekt-Fenster Ste15.
[5]Working in Unity - Asset Workflow Uni16.
[6]Screenshot aus der Anwendung Unity

Eine Szene muss immer auch eine Kamera enthalten, die als Hauptkamera in der Anwendung verwendet wird. Abbildung 4.1.4 links zeigt den Blick dieser Hauptkamera auf die Objekte in der Szene. Nach und nach werden die benötigten Objekte hinzugefügt, die in einer Szene als ‚Game Object‘ bezeichnet werden.

Game-Objekte haben keine Funktionalität, die sie von selbst ausführen können. Es handelt sich zunächst um einen leeren Container, der mithilfe verschiedener Komponenten (Components) gefüllt werden kann. Die Kombination verschiedener Komponenten stellt die eigentliche Funktionalität des Game-Objektes bereit.[7] In Abbildung 4.2.2 sind vier unterschiedliche Game-Objekte, wie sie in Unity verwendet werden, dargestellt.

Abbildung 4.2.2: Vier verschiedene Unity Objekte. Ein animierter Charakter, ein Licht, ein Baum und eine Audioquelle.[8]

Neben den Assets und Game-Objekten bietet Unity den Typ Prefab an. Ein Prefab kann dazu benutzt werden, um Game-Objekte mit allen Einstellungen und Komponenten zu speichern. Das Prefab ist mit einer Klasse in der objektorientierten Programmierung vergleichbar. Es bildet ein Gerüst, von dem während der Anwendungslaufzeit Instanzen erzeugt werden können. Dies bietet die Möglichkeit, Game-Objekte dynamisch zu erzeugen, die dann in der Anwendung verwendet werden können.

---

[7]Vgl. Uni16.
[8]Die Abbildung ist entnommen aus Uni16.

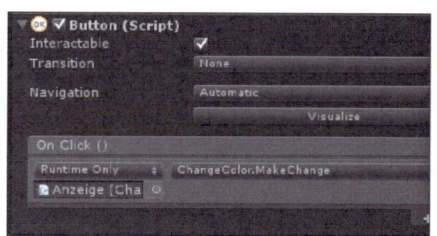 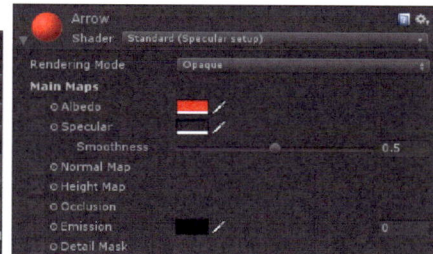

(a) Button (Script) im Unity Inspector　　(b) Material-Einstellungen im Unity Inspector

Abbildung 4.2.3: Einstellungen im Unity Inspector.[9]

4.2.2 Darstellung der virtuellen Welt

In der Szene werden die für den Prototypen relevanten Objekte angelegt und im 3D-Raum wie in Abbildung 4.1.4 dargestellt ausgerichtet. Eine Plane (Ebene) wird als Boden verwendet und grenzt das gesamte Areal ab. Die Leinwand wird aus einem Cube gebaut, der in einer Ecke platziert wird und bei einer Aktion seine Farbe ändern soll. Weiterhin werden eine Lichtquelle und eine Kamera benötigt, die der Szene ebenfalls hinzugefügt werden. Änderungen den Objektgrößen sowie der Rotation und der Position in einer Szene können über eine Transformation angegeben werden. Damit die Funktionalität der Leinwand bereitgestellt werden kann, wird ein Button (Script) hinzugefügt. Dieses Script reagiert auf Eingaben und stellt Methoden bereit, bei denen man bestimmen kann, welche Aktion ausgelöst wird. Diese Methode kann andere Methoden in bestehenden oder selbst erstellten Scripten aufrufen. Die Verbindung zwischen der Aktion und der Methode wird wie in Abbildung 4.2.3a direkt im Editor eingestellt.

---

[9]Screenshot aus der Anwendung Unity.

Alle Objekte, die in Unity hinzugefügt werden, haben zu Beginn einen Standard Shader[10], der keine Farbe beinhaltet. Damit die Leinwand in der Anwendung zu Beginn die Farbe Rot hat, wird diese in den Materialeinstellungen (Abb. 4.2.3b) als Standardfarbe eingestellt. Diese Materialeinstellungen werden bei einer Aktion dynamisch geändert, wofür das Script in Codebeispiel 4.2.1 verwendet wird.

```csharp
1  using System;
2  using UnityEngine;
3  using System.Collections;
4
5  public class ChangeColor : MonoBehaviour
6  {
7      public void MakeChange()
8      {
9          Renderer rend = GetComponent<Renderer>();
10
11         if (rend.material.color == Color.blue)
12         {
13             rend.material.color = Color.red;
14         }
15         else
16         {
17             rend.material.color = Color.blue;
18         }
19     }
20 }
```

Quellcode 4.2.1: Script zum Ändern der Farbe.

Die Bearbeitung der Scripte findet in Visual Studio statt. Da Unity alle Assets aus den angelegten Ordnern lädt, werden die in Visual Studio abgespeicherten Scripte automatisch von Unity aktualisiert. Unity zeigt in dem Inspector alle als öffentlich deklarierten Methoden an.

---

[10]Ein Script, dass alle mathematischen Berechnungen enthält, um die Farbe jedes einzelnen Pixels anhand der aktuellen Lichtquelle und des Materials zu berechnen.

Mit Hilfe der Sichtbarkeitsregeln wird in der objektorientierten Programmierung die Sichtbarkeit von Daten und Methoden gesteuert. Dabei unterstützt C# alle der vier gängigen Sicherheitsstufen:

- Sichtbarkeitsstufe **Öffentlich** (public)

- Sichtbarkeitsstufe **Privat** (private)

- Sichtbarkeitsstufe **Geschützt** (protected)

- Sichtbarkeitsstufe **Bereich** (package)

Mit diesen Sichtbarkeitsstufen wird der Zugriff auf Daten und Methoden einer Klasse eingeschränkt. So ist eine als öffentlich deklarierte Methode einer Klasse auch für andere Klassen sichtbar und es kann darauf zugegriffen werden.[11]

Unity hält sich an diese Sichtbarkeitsstufen und zeigt nur Methoden und Variablen, die als öffentlich deklariert sind in dem Inspector an. Auf diese Methoden kann wie in Abbildung 4.2.3a dargestellt direkt verwiesen werden. Die Vernknüpfung des ‚OnClick' Ereignisses mit der ‚MakeChange' Methode aus dem ‚ChangeColor' Script, bewirkt bei jedem Auslösen des Buttons eine Farbänderung der Leinwand.

4.2.3 Einrichten der Virtual Reality Hardware

Mit den bisherigen Entwicklungsschritten kann die Anwendung in Unity gestartet und das Resultat in der Game-Ansicht betrachtet werden. Um die Anwendung mit der Gear VR benutzen zu können, sind weitere Schritte erforderlich.

---

[11]Vgl. Ber09, S. 106.

Zum Testen der Anwendung und zur Durchführung der Untersuchung werden drei Gear VR-Brillen und drei Samsung Galaxy S6 Mobiltelefone verwendet, auf denen die Android Version 5.1.1 installiert ist. Die Anwendung muss dementsprechend von Unity für dieses Betriebssystem kompiliert werden.

Ein kompilieren für Android-Geräte ist nur möglich, wenn auf dem Entwicklungsrechner ein Android Software Development Kit (Android SDK) installiert ist, welches Grundvoraussetzung zur Entwicklung von Android-Anwendungen ist. Neben den Entwicklertools werden damit auch weitere Tools, wie ein Emulator und die Android Debug Bridge bereitgestellt.[12]

Betrachtet man die Systemvoraussetzungen des Android SDK genauer, findet man unter diesen auch das Java Development Kit (JDK), das ebenfalls installiert werden muss.[13] Das JDK beinhaltet die Laufzeitumgebung Java Runtime Environment (JRE) sowie einige Java Entwicklungswerkzeuge wie den Java Compiler, den Java Debugger und weitere Tools.[14] Die Pfade zu den beiden genannten Softwarekomponenten müssen Unity über den Einstellungdialog bekanntgemacht werden, damit ein kompilieren für Android ermöglicht wird. Abbildung 4.2.4 zeigt den dazugehörigen Dialog in Unity mit den hinterlegten Pfaden zu den Softwarepaketen.

Im nächsten Schritt wird das Mobiltelefon per USB mit dem PC verbunden und in den Unity Build Settings (Abb. 4.2.5) die Plattform auf Android umgestellt. Sobald die Anwendung kompiliert und ausgeführt wird, wird eine .apk Datei erstellt, die automatisch auf das Mobiltelefon geladen und ausgeführt wird. Die Anwendung kann hiernach auf dem Mobiltelefon getestet werden.

---

[12]Beschreibung des Android SDK unter Stua.
[13]Weitere Informationen zu den Android Release Notes - Stub.
[14]Überblick über das Java SDK - Ora.
[15]Screenshot aus der Anwendung Unity.

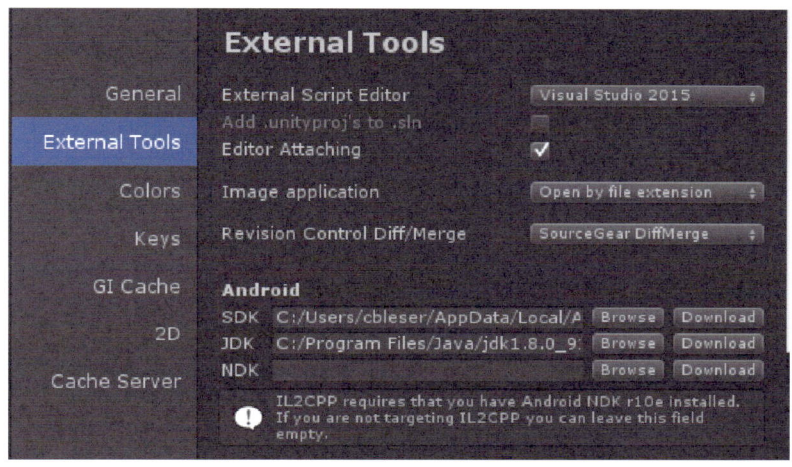

Abbildung 4.2.4: Einstellung der Pfade für das Android SDK und das JDK.[15]

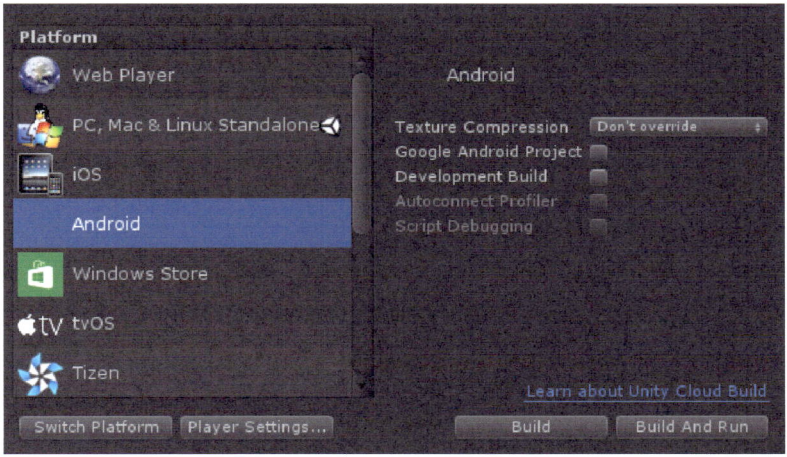

Abbildung 4.2.5: Auswahl und Einstellungen zur Zielplattform.[16]

```
C:\Users\cbleser\AppData\Local\Android\android-sdk\platform-tools>adb devices
List of devices attached
03157df3d5af4227          device
```

Abbildung 4.2.6: Auslesen der Geräte-ID mithilfe der Kommandozeile.[18]

Damit eine Anwendung für die Samsung Gear VR entwickelt und auf das Endgerät gespielt werden kann, müssen weitere Schritte unternommen werden. In Unity muss die Unterstützung für VR-Brillen aktiviert werden. Dann werden die Oculus Utilities for Unitiy[17] installiert. Dieses Paket unterstützt bei der Entwicklung durch vorgefertigte Assets, Scripte und Beispielszenen. Das Paket beinhaltet auch ein Prefab mit dem Namen ‚OVRCameraRig'. Dieses ist dafür verantwortlich, die ausgegebenen Bilder für die Virtual Reality Brille aufzubereiten. Des Weiteren werden die Daten des Head-Trackings erfasst und die Kamera nach der Kopfposition ausgereichtet. Die in der Szene vorhandene Kamera muss durch das ‚OVRCameraRig' ersetzt werden.

Weiterhin benötigen Anwendungen, die das Oculus SDK verwenden zur Entwicklung eine Signatur-Datei, damit auf gesicherte Low-Level VR Funktionalitäten des mobilen Endgerätes zugegriffen werden kann. Die Signaturdatei wird in einem Ordner des Projektes abgelegt und von der Software automatisch erkannt.
Zum Generieren der Signaturdatei wird die Geräte-ID benötigt. Diese kann in der Eingabeaufforderung mithilfe der Anwendung adb.exe aus dem Android-SDK aus den angeschlossenen Geräten ausgelesen werden. Abbildung 4.2.6 zeigt einen Ausschnitt mit einem angeschlossenen Gerät.

---

[16]Screenshot aus der Anwendung Unity.
[17]Vgl. Ocua.
[18]Screenshot von der Windows Kommandozeile.

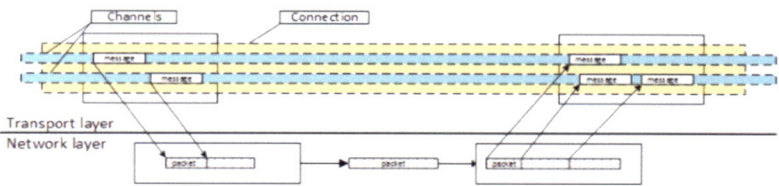

Abbildung 4.2.7: Separate Nachrichtenübermittlung der Unity Low-Level API.[21]

Mit der ausgelesenen Geräte-ID kann, mit dem Oculus Signature File Generator (osig) auf der Oculus Webseite, die Signaturdatei generiert werden. Diese Datei muss bei jeder Anwendung, die auf die VR-Funktionalität zugreifen möchte, in dem Ordner *Project/Assets/Plugins/Android/assets/* abgelegt werden.[19]

Wird die Anwendung auf dem Mobiltelefon gestartet, erscheint nun eine Meldung, dass das Mobiltelefon in die VR-Brille eingelegt werden muss. Die Anwendung kann abschließend mit der Hardware getestet werden.

4.2.4 Funktionen zur Netzwerksynchronisation

Unity stellt zur Implementierung von Netzwerk- und Mehrspieler-Anwendungen verschiedene Möglichkeiten zur Verfügung. Mit der Tansport Layer API werden Funktionen bereitgestellt, die auf dem User Datagram Protocol (UDP) aufbauen. Es wird mit Nachrichten auf verschiedenen Kommunikationskanälen des Transport Layers gearbeitet (Abb. 4.2.7).[20]

Zum Herstellen der Verbindungen sowie zum Auswerten der übermittelten Nachrichten muss der komplette Code selbst geschrieben werden. Ein

---

[19]Vgl. Ocub.
[20]Vgl. Abr14.
[21]Die Abbildung ist entnommen aus Abr14.

Mechanismus zur Synchronisation der Game-Objekt-Eigenschaften ist nicht vorhanden. Eine Fehlerbehandlung gibt es auf der Ebene dieser bereitgestellten API nicht.

Mit der High-Level Scripting API (HLAPI) bietet Unity eine weitere Möglichkeit Netzwerkfunktionen in eigenen Anwendungen zu nutzen. Es werden Methoden bereitgestellt, die mitunter folgende Anforderungen abdecken:[22]

- Ein Netzwerk Manager kontrolliert die Verbindung.

- Nachrichten können über das Netzwerk verschickt und empfangen werden.

- Befehle können über das Netzwerk verschickt und empfangen werden.

- Remote procedure calls[23] (RPCs) können ausgeführt werden.

Während die Transport Layer API verschiedene Netzwerktopologien unterstützt, können mit der HLAPI nur Client-Server-Systeme implementiert werden, wobei ein Client auch die Serverfunktionen übernehmen kann und kein eigenständiger Server benötigt wird. Mithilfe verschiedener Komponenten wird die Transport Layer API mit zusätzlichen Funktionen ergänzt, die dann auf einfache Art und Weise in den eigenen Anwendungen benutzt werden können. Abbildung 4.2.8 zeigt die verschiedenen Ebenen, mit der die HLAPI aufgebaut wird.

Da die HLAPI auch auf der Transport Layer API beruht, werden die Telegramme per UDP versendet. Eine Überwachung des Netzwerkverkehrs

---

[22]Vgl. Kap. Multiplayer and Networking Uni16.

[23]Methoden, die auf einem entfernten Rechner ausgeführt werden.

[24]Die Abbildung ist entnommen aus Uni16.

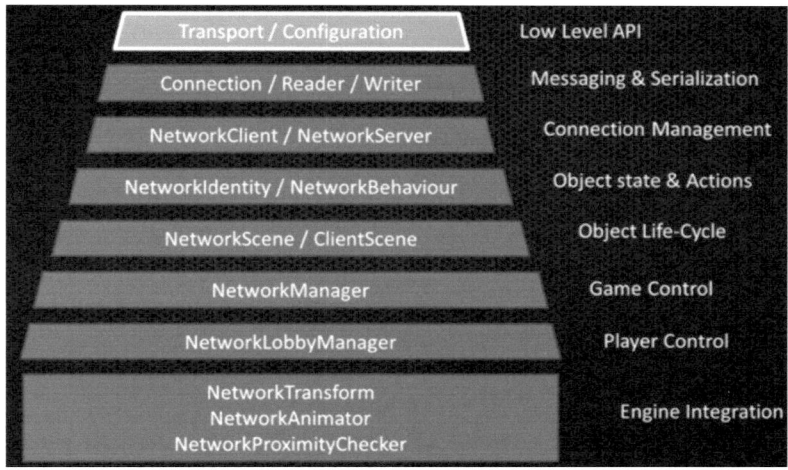

Abbildung 4.2.8: Zusammensetzung der HLAPI Funktionalitäten.[24]

zwischen zwei Anwendungen zeigt die verwendeten Protokolle, die Paket-
längen sowie die übermittelten Nachrichten (Abb 4.2.9).

Da es in der Dokumentation von Unity keine detaillierte Beschreibung der
HLAPI gibt, geht aus den Inhalten der Pakete nicht hervor, welche Information übermittelt wird.

Im Folgenden wird eine Übersicht über die in dieser Arbeit verwendeten
Skripte gegeben, die direkt in der HLAPI in Unity angeboten werden. Die
HLAPI bietet weitere Skripte, auf die nicht näher eingegangen wird. Details
können der Dokumentation[26] entnommen werden.

NetworkIdentity Diese Komponente ist das Herzstück des Netzwerksys-
tems. Mit ihrer Hilfe bekommen Objekte im Netzwerk eine Identität
und das System kann sie überwachen und verändern.

---

[25]Zur Überwachung des Netzwerks wurde die frei erhältliche Software Wireshark verwendet.
Abgebildet ist ein Screenshot von der Anwendung.
[26]Vgl. Uni16.

No.	Time	Source	Destination	Protocol	Length	Info
310	27.917576	192.168.2.50	192.168.2.42	UDP	69	55601 → 7777 Len=27
312	27.925691	192.168.2.42	192.168.2.50	UDP	69	7777 → 55601 Len=27
313	27.976046	192.168.2.50	192.168.2.42	UDP	116	55601 → 7777 Len=74
314	27.995317	192.168.2.42	192.168.2.50	UDP	112	7777 → 55601 Len=70
315	28.015649	192.168.2.42	192.168.2.50	UDP	87	7777 → 55601 Len=45
316	28.105599	192.168.2.42	192.168.2.50	UDP	112	7777 → 55601 Len=70
317	28.124733	192.168.2.42	192.168.2.50	UDP	87	7777 → 55601 Len=45

```
> Frame 348: 88 bytes on wire (704 bits), 88 bytes captured (704 bits) on interface 0
> Ethernet II, Src: Apple_e4:cc:e2 (98:5a:eb:e4:cc:e2), Dst: SamsungE_6a:20:4f (e8:50:8b:6a:20:4f)
> Internet Protocol Version 4, Src: 192.168.2.42, Dst: 192.168.2.50
> User Datagram Protocol, Src Port: 7777 (7777), Dst Port: 55601 (55601)
> Data (46 bytes)
```

```
0000   e8 50 8b 6a 20 4f 98 5a   eb e4 cc e2 08 00 45 00   .P.j O.Z ......E.
0010   00 4a 64 fc 00 00 80 11   00 00 c0 a8 02 2a c0 a8   .Jd..... .....*..
0020   02 32 1e 61 d9 31 00 36   85 f4 00 01 7b 4d 15 63   .2.a.1.6 ....{M.c
0030   00 01 ff ff ff ff 01 00   22 1b 00 08 00 03 01 00   ........ ".......
0040   00 00 00 51 b8 9e be 00   00 00 00 00 00 80 c1      ...Q.... ........
0050   93 b2 43 00 00 00 00 00                             ..C.....
```

Abbildung 4.2.9: Netzwerkverkehr zwischen Server und Client.[25]

NetworkManager Erlaubt die Konfiguration und Überwachung des Netzwerkes. Diese Klasse ist auch dafür verantwortlich, Objekte über das Netzwerk zu erstellen.

NetworkManagerHUD Der Network-Manager-UHD stellt ein Benutzerinterface für den Network-Manager bereit. Dieses kann in der Anwendung eingeblendet werden.

NetworkStartPosition Wird von dem Network-Manager genutzt, um die Startposition der Teilnehmer festzulegen.

NetworkTransform Synchronisiert die Bewegungen der Game-Objekte über das Netzwerk.

NetworkTransformChild Synchronisiert die Bewegungen der Objekte, die anderen Objekten als Kind-Elemente hinzugefügt werden.

In der Anwendung wird ein leeres Game-Objekt hinzugefügt, dass die Netzwerkfunktionen verwalten soll. Dazu wird diesem Objekt das Network-

Abbildung 4.2.10: Network-Manager Einstellungsmöglichkeiten. [27]

Manager Skript hinzugefügt, in dem die Netzwerkeinstellungen vorgenommen werden. Abbildung 4.2.10 zeigt die Einstellungen des Network-Managers in der Testanwendung. Der Network-Manager kümmert sich eigenständig um den Verbindungsaufbau und die Überwachung der Verbindung.

Da der Network-Manager auch für das Erzeugen von neuen Prefabs verantwortlich ist, muss in den Einstellungen ein Prefab hinterlegt werden, das als Avatar für die einzelnen Clients zur Anzeige gebracht wird. Der in Abschnitt 4.1 beschriebene Avatar wird erstellt und als Prefab abgespeichert.

---

[27]Screenshot aus der Anwendung Unity.

Dabei ist darauf zu achten, dass dem Avatar das ‚OVRCameraRig' als Kindelement hinzugefügt wird.

Zur Synchronisation der Kamerabewegungen mit dem Kopf des Avatars, wird das Skript in Codebeispiel 4.2.2 benötigt. Sobald eine Verbindung mit einem Client besteht, wird von dem Prefab eine Instanz erzeugt und in der Szene des Clients als Player hinzugefügt.

```
1  using UnityEngine;
2  using UnityEngine.Networking;
3
4  public class SyncCameraRotation : NetworkBehaviour
5  {
6      // Die Update-Methode wird einmal pro Frame
           aufgerufen.
7      void Update()
8      {
9          transform.FindChild("Head").rotation =
               GetComponentInChildren<Camera>().transform.
               rotation;
10     }
11 }
```

Quellcode 4.2.2: Synchronisation der Blickrichtung mit dem Kopf des Avatars.

Weiterhin wird dem Game-Objekt die Network-Manager-HUD Komponente hinzugefügt, mit der in der Anwendung ein Benutzerinterface (Abb. 4.2.11) eingeblendet wird. Damit können die Netzwerkfunktionen in der Anwendung gestartet und beendet werden. Über dieses Interface kann nach dem Starten der Anwendung entschieden werden, ob diese als Server oder Client benutzt werden soll.

Abbildung 4.2.11: Network-Manager-UHD Benutzerinterface [28]

Wird die Anwendung auf dem PC gestartet, kann in dem Benutzerinterface die Serverfunktion mit der Maus ausgewählt und gestartet werden. Diese Möglichkeit gibt es nicht, wenn die Anwendung auf der VR-Brille gestartet wird. Die Verbindung muss dort automatisch mithilfe eines Skriptes (Codebeispiel 4.2.3) hergestellt werden.

Das Skript wird dem Player-Prefab hinzugefügt und bei der Initialisierung des Players ausgeführt. Ist unter der im Network-Manager (Abb. 4.2.10) angegeben IP-Adresse und dem Port eine Serverinstanz vorhanden, wird die Verbindung hergestellt. Ansonsten wird der Verbindungsaufbau nach einiger Zeit abgebrochen.

Durch das dynamische Erstellen neuer Game-Objekte für jeden Client entsteht ein Problem, da es in einer Unity Anwendung immer nur eine aktive Kamera geben darf. Die Kamera des eigenen Avatar soll zur Ausgabe des Bildes in der VR-Brille verwendet werden. Das bedeutet, alle weiteren Kameras müssen deaktiviert werden. Mit einer Veränderung des Skriptes 4.2.2 werden die Kameras in den Avatar-Objekten anderer Clients deaktiviert und die eigene Kamera aktiviert (Codebeispiel 4.2.4).

Damit Game-Objekte mithilfe des Network-Manager automatisch synchronisiert werden können, muss den jeweiligen Objekten eine Network-Identity-Komponente hinzugefügt werden. Dadurch erhält jedes dieser Ob-

---

[28]Screenshot aus der laufenden Anwendung.

```
 1  using System;
 2  using UnityEngine;
 3  using System.Collections;
 4
 5  public class AutoConnectClient : MonoBehaviour
 6  {
 7      // Diese Methode wird bei der Initialisierung
            einmalig aufgerufen.
 8      void Start()
 9      {
10          Connect();
11      }
12
13      public void Connect()
14      {
15          // Die Abfrage wird benötigt sobald ein Button
                zum Verbinden benutzt wird.
16          if (Manager.manager.IsClientConnected())
17              Manager.manager.StopClient();
18          else
19              Manager.manager.StartClient();
20      }
21  }
```

Quellcode 4.2.3: Script zum automatischen Verbinden der Clients.

jekte eine eindeutige Identifikationsnummer. Abbildung 4.2.12 zeigt die Network-Identity-Komponenten und die während der Laufzeit erzeugten Netzwerkinformationen mit den IDs. Aus Abbildung 4.2.12 geht auch hervor, dass zum Testen die Unity Umgebung gleichzeitig als Server und Client verwendet wird.

```
 1  using UnityEngine;
 2  using UnityEngine.Networking;
 3
 4  public class SyncCameraRotation : NetworkBehaviour
 5  {
 6      // Die Update-Methode wird einmal pro Frame
            aufgerufen.
 7      void Update()
 8      {
 9          if (GetComponent<NetworkIdentity>().
                isLocalPlayer)
10          {
11              GetComponentInChildren<Camera>().enabled =
                    true;
12              transform.FindChild("Head").rotation =
                    GetComponentInChildren<Camera>().
                    transform.rotation;
13          }
14          else
15          {
16              GetComponentInChildren<Camera>().enabled =
                    false;
17          }
18      }
19  }
```

Quellcode 4.2.4: Script zum Deaktivieren der nicht verwendeten Kameras.

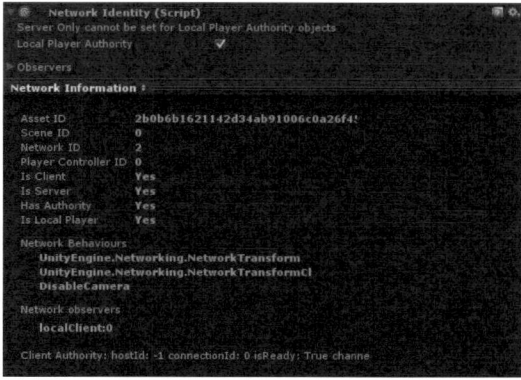

Abbildung 4.2.12: Network-Identity-Komponenten mit den zum Ausfüh-
rungszeitpunkt relevanten Laufzeitinformationen.[29]

Objekte, die in einer Szene abgelegt sind, werden sowohl auf dem Client als auch auf dem Server angezeigt. Beim Kompilieren der Anwendung werden Objekte mit einer Network-Identity automatisch deaktiviert, bevor die Szene angezeigt wird. Der Server übermittelt dem Client, welche Objekte aktiviert und mit welchen Eigenschaften diese angezeigt werden sollen. Somit ist sichergestellt, dass über das Netzwerk synchronisierte Objekte richtig angezeigt werden.

In den Einstellungen der Network-Identity-Komponenten (Abb. 4.2.12) kann auch selektiert werden, ob das Game-Objekt nur auf dem Server (Server Only) oder auch auf dem Client (Local Player Autohity) angezeigt wird. Die zweite Option verleiht dem Client die Kontrolle über das Objekt.

Wird die Anwendung ausgeführt, werden neue Clients an der Position $(x = 0, y = 0, z = 0)$ eingefügt. Damit eine Verteilung der Clients erfolgt, können leere Game-Objekte in die Szene eingefügt und an unterschiedlichen Positionen platziert werden. Das Hinzufügen der Network-Start-Player-Komponenten bewirkt eine Positionierung neuer Elemente, über die, in dem Network-Manager ausgewählte Player-Spawn-Mode. Hier wird zwischen Random, einer zufälligen Auswahl der Startpositionen und einem Round-Robin-Verfahren, dass ein zyklisches Durchlaufen aller hinterlegten Startpositionen ermöglicht, unterschieden.[30]

4.2.5 Funktionen zur Messung der Latenzen

In dem vorangegangenen Kapitel ist dargestellt, wie die einzelnen Objekte über das Netzwerk synchronisiert werden. Zur Bewertung der auftretenden Latenzen, die ein zentrales Kriterium für die Echtzeitfähigkeit sind, muss ein geeignetes Messverfahren entworfen werden.

---

[29]Screenshot aus der Anwendung Unity.
[30]Vgl. Kap. Multiplayer and Networking Uni16.

In der hier beschriebenen Anwendung gibt es zwei wesentliche Zeitpunkte, die für eine Latenzmessung erfasst werden können. Bei einem Versuchsaufbau bestehend aus einem Host und einem Client, sind dies die Messpunkte gemäß Tabelle 4.2.1. Die Anzahl der Messpunkte MC wird mit der Anzahl der Clients, die Änderungen des Servers anzeigen müssen, erhöht. Die gemessene zeitliche Differenz zwischen MC und MH kennzeichnet die bei der Synchronisation entstehende Latenz.

Messpunkt	Aktion
MH	Auf dem Host wird die Änderung eines Objektes ausgelöst.
MC	Auf dem Client wird die Änderung für den Nutzer sichtbar.

Tabelle 4.2.1: Messpunkte für das Testverfahrens mit einem Host und einem Client.

In dem beschriebenen Testaufbau werden diese Messpunkte auf unterschiedlichen Geräten erreicht. Während MH auf dem Host auftritt, wird MC auf dem jeweiligen Endgerät des Clients erreicht. Dies macht einen direkten Vergleichen der Messpunkte, aufgrund der unterschiedlichen Systemzeiten, schwierig.

Da die Anwendung sowohl als Client als auch als Server verwendet werden kann, werden die Methoden zur Latenzmessung in der Klasse ‚Test-System‘ bereitgestellt, die dem Avatar Prefab als Komponente hinzugefügt wird. Aus Gründen der Übersichtlichkeit werden im Folgenden nur bestimmte Teile dieser Klasse dargestellt. Der komplette Code ist im Anhang gelistet.

Damit die Messung möglichst ohne zusätzliche Verzögerungen ausgeführt wird, werden die Trigger zur Änderung automatisch vom Server gesendet. Dies hat den weiteren Vorteil, dass die Messungen vollautomatisch ablaufen können. In einem Zyklus von 2000 Frames löst der Server mittels eines

RPC Command, der auf dem Client ausgeführt wird, die Änderung des Testobjektes auf aus (Codebeispiel 4.2.5 Zeile 2-25). Zu diesem Zeitpunkt erstellt der Host den Zeitstempel für den Messpunkt MH.

Der Client überwacht in der zyklisch aufgerufenen Update-Methode das Testobjekt und stellt fest, wann die Änderung zur Anzeige gebracht wird. Daraufhin wird ein Zeitstempel erstellt und als Messpunkt MC an den Server gesendet (Codebeispiel 4.2.5 Zeile 27-35). Der komplette Ablauf ist in Abbildung 4.2.13 dargestellt.

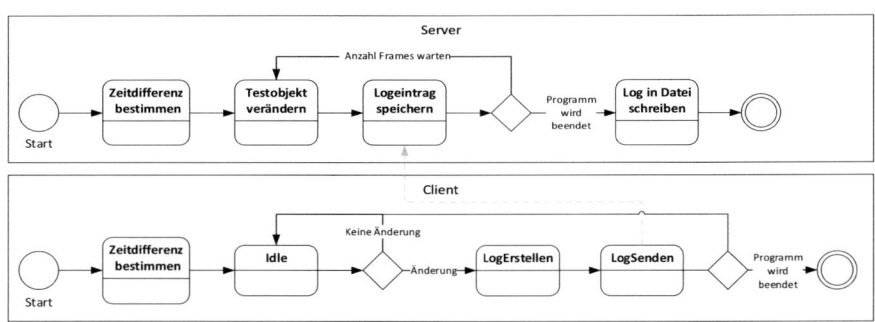

Abbildung 4.2.13: Aktivitätsdiagramm für die Komponenten Server und Client.

Die Anwendungen werden auf verschiedenen Geräten ausgeführt, was zur Folge hat, dass die Systemzeit der einzelnen Geräte mit großer Wahrscheinlichkeit voneinander abweicht. Es muss deshalb eine Synchronisation der Systemzeiten durchgeführt werden.

Da es auf den mobilen Endgeräten dazu keine ausreichenden Möglichkeiten gibt, wird ein geeignetes Verfahren in der Anwendung implementiert. Zur Synchronisation der Systemzeiten wird das in Abschnitt 2.3.3 erwähnte NTP-Protokoll verwendet. Es erfolgt eine Abfrage des NTP-Zeitservers, um mit der berechneten Differenz die lokale Systemzeit zu korrigieren.

```
1  void Update()
2  {
3      if (GetComponent<NetworkIdentity >().isServer)
4      {
5          if (_counter >= 2000)
6          {
7              if (_lastColor == Color.blue)
8              {
9                  RpcChangeColor(Color.red);
10                 _renderer.material.color = Color.red;
11                 _lastColor = Color.red;
12             }
13             else
14             {
15                 RpcChangeColor(Color.blue);
16                 _renderer.material.color = Color.blue;
17                 _lastColor = Color.blue;
18             }
19
20             CmdReport(LogString() + "MH − Farbwechsel
                    ausgelöst");
21             _counter = 0;
22         }
23         else
24             _counter++;
25     }
26
27     if (GetComponent<NetworkIdentity >().isLocalPlayer)
28     {
29         if (_lastColor == _renderer.material.color)
30             return;
31
32         _lastColor = _renderer.material.color;
33
34         CmdReport(LogString() + "MC − Farbwechsel
                ausgeführt");
35     }
36 }
```

Quellcode 4.2.5: Script zum Ändern der Farbe.

Damit durch die Abfrage des Zeitservers keine zeitliche Beeinflussung des Messverfahrens entsteht, wird die Synchronisation einmalig nach dem Erzeugen des Avatar Prefab durchgeführt. Die Zeitdifferenz wird in einer lokalen Variable gespeichert und beim Generieren des Zeitstempels zur Korrektur der Systemzeit mit dieser addiert. Eine permanente Änderung der Systemzeit mit einer eigenen Softwareimplementierung ist auf den mobilen Endgeräten nicht möglich. Deshalb muss die Korrektur vor jeder Messung durchgeführt werden.

Zur Abfrage des NTP Zeitservers wird aus Gründen der zeitlichen Effizienz während der Softwareentwicklung auf die frei verfügbare Implementierung[31] von Valer Bocan zurückgegriffen.

Das Codebeispiel 4.2.6 zeigt in Zeile 11-14 die Abfrage des NTP-Zeitservers und das Senden der Abfrageergebnisse zur Erstellung eines Log-Eintrages an den Server. Ein Beispiel für die durch den NTP-Zeitserver bekanntgewordenen Daten ist in Abbildung 4.2.14 dargestellt.

Die Log-Einträge setzen sich aus der IP-Adresse des Clients, der NetID, die zur Synchronisation der Objekte verwendet wird, der Zeitdifferenz zwischen Client und NTP-Zeitserver und dem korrigierten Zeitstempel zusammen. Des Weiteren wird als letzter Eintrag eine Nachricht angehängt, um die jeweilige Aktion zu identifizieren (Codebeispiel 4.2.7).

---

[31] Boc07.

```
 1  void  Start ()
 2  {
 3      _renderer = GameObject.Find("Anzeige").GetComponent
            <Renderer >();
 4      _lastColor = _renderer.material.color;
 5
 6      if (!GetComponent<NetworkIdentity >().isLocalPlayer)
 7          return;
 8
 9      try
10      {
11          NTPClient client = new NTPClient("0.de.pool.ntp
                .org");
12          client.Connect(false);
13          timeDifference = client.LocalClockOffset;
14          CmdReport(LogString() + "NtpLog: " + client.
                ToString());
15      }
16      catch (Exception e)
17      {
18          CmdReport(LogString() + "ERROR: " + e.Message);
19      }
20
21      CmdReport(LogString() + "Hello from Client");
22  }
```

Quellcode 4.2.6: Abfrage der Zeitdifferenz mittels NTP.

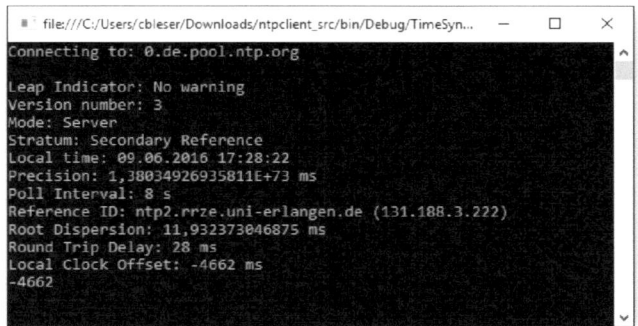

Abbildung 4.2.14: Abfrage des NTP-Zeitservers in der Konsole. [32]

77

```
1  private  string  LogString ()
2  {
3          TimeSpan  time  =  DateTime . Now . AddMilliseconds (
           timeDifference ) . TimeOfDay ;
4          return  Network . player . ipAddress  +  " ; "  +
           GetComponent < NetworkIdentity >() . netId  +
5                  " ; "  +  timeDifference  +  " ; "  +  time  +  " ; " ;
6  }
```

Quellcode 4.2.7: Erstellen der Log-Einträge.

Damit die Einträge später in Excel importiert werden können, werden diese im CSV (Comma-separated values) Dateiformat abgespeichert. Durch die Verwendung des CSV-Formats lassen sich strukturierte Daten verwenden und weiterverarbeiten. Als Trennzeichen wird ein Semikolon verwendet. Die Daten werden wie in Abbildung 4.2.15 dargestellt und zur Auswertung aufbereitet.

In diesem Beispiel sind die unterschiedlichen Systemzeiten erkennbar. Durch die Korrektur mit dem NTP Offset wird ein für die Messungen hinreichend genauer Zeitstempel generiert.

Messung	IP-Adresse	NetId	Offset	Zeitstempel	Aktion	Latenz
1	192.168.2.42	4	-242	21:11:48.3631597	MH - Farbwechsel ausgelöst	
1	192.168.2.51	5	881	21:11:48.3871020	MC - Farbwechsel ausgeführt	24 ms
1	192.168.2.52	6	1611	21:11:48.3932400	MC - Farbwechsel ausgeführt	30 ms
1	192.168.2.50	7	4660	21:11:48.4010950	MC - Farbwechsel ausgeführt	38 ms

Abbildung 4.2.15: Darstellung der Messergebnisse in Excel.

---

[32] Screenshot von der Konsolenanwendung.

5 Messtechnische Untersuchung

Zur Durchführung der Messungen werden drei Samsung Galaxy S6 mit dem Betriebssystem Android 5.1.1, drei Samsung Gear VR sowie ein Apple MacBook Pro (PC) mit dem Betriebssystem Windows 10 verwendet. Weiterhin steht eine Workstation mit dem Betriebssystem Windows 10 für die Untersuchungen zur Verfügung.

5.1 Messung der Latenzen

Der PC ist über eine 1 Gbit/s Ethernet-Verbindung[1] mit einem Router und dem Access Point verbunden. Die drei Samsung Mobiltelefone stellen eine WLAN-Verbindung[2] mit dem Wireless Access Point, der eine maximale Datenrate von 300 Mbit/s erlaubt, her.
Der verteilte Systemaufbau ist durch weitere mobile Endgeräte und VR-Brillen erweiterbar, wodurch eine höhere Nutzerzahl erreicht werden kann. Die hier durchgeführten Messungen beschränken sich auf diese Geräte, wobei in einer Messung die Ethernet-Verbindung des PCs ebenfalls durch eine Verbindung mit dem Access Point über WLAN ersetzt wird.

---

[1]Gigabit-Ethernet nach IEEE 802.3
[2]Funknetz nach IEEE 802.11

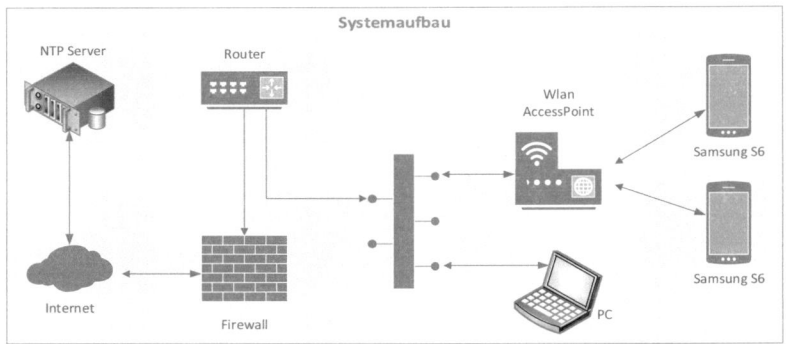

Abbildung 5.1.1: Systemaufbau - Messungen mit PC und Samsung S6.

Bei dem beschriebenen Systemaufbau können die im Folgenden aufgeführten drei variablen Punkte definiert werden, an denen das System beeinflusst werden kann:

- Bei der Anbindung des PC kann zwischen einer 1 Gbit/s Ethernet-Verbindung und einer Verbindung über WLAN mit maximal 300 Mbit/s unterschieden werden. Die Samsung Mobiltelefone können nur per WLAN an das Gesamtsystem angebunden werden.

- Die Anzahl der Clients kann beliebig erweitert werden. Aufgrund der zur Verfügung stehenden Anzahl an Testgeräten werden die folgenden Messungen mit maximal drei mobilen Endgeräten durchgeführt.

- Es kann unterschieden werden, ob die VR-Brillen in dem Versuch bewegt werden oder nicht. Mit einer kontinuierlichen Bewegung der Brillen lässt sich die Kopfbewegung der Nutzer simulieren. Dies könnte Einfluss auf die Menge der zu übertragenden Daten und auf die Auslastung der mobilen Geräte haben.

Aus den genannten drei variablen Punkten können die Messungen in Tabelle 5.1.1 abgeleitet werden.

Messung	Anbindung PC	Anzahl Clients	Simulation der Kopfbewegungen
1	Ethernet	1	✗
2	Ethernet	1	✓
3	Ethernet	2	✗
4	Ethernet	2	✓
5	Ethernet	3	✗
6	Ethernet	3	✓
7	WLAN	1	✗
8	WLAN	1	✓
9	WLAN	2	✗
10	WLAN	2	✓
11	WLAN	3	✗
12	WLAN	3	✓

Tabelle 5.1.1: Aufstellung der durchzuführenden Messungen.

Zur Auswertung der Messungen ist die durchschnittliche Latenz aller angeschlossenen Clients relevant. Diese muss aus den erfassten Daten berechnet werden. Diese Berechnung wird in Excel durchgeführt. Die einzelnen Latenzen werden immer im Bezug auf das vom Host abgesendete Ereignis betrachtet. Tabelle 5.1.2 zeigt exemplarisch einen Ausschnitt der gemessenen Daten mit den berechneten Latenzen.

Messung	IP-Adresse	NetId	Offset	Zeitstempel	Aktion	Latenz
1	192.168.2.42	4	-242	21:11:48.3631597	MH - Farbwechsel ausgelöst	
1	192.168.2.51	5	881	21:11:48.3871020	MC - Farbwechsel ausgeführt	24 ms
1	192.168.2.52	6	1611	21:11:48.3932400	MC - Farbwechsel ausgeführt	30 ms
1	192.168.2.50	7	4660	21:11:48.4010950	MC - Farbwechsel ausgeführt	38 ms

Tabelle 5.1.2: Tabellenausschitt der ersten Messung mit den berechneten Latenzen.

Die Messreihen werden mit der beschriebenen Implementierung durchgeführt. Der Host löst alle 2000 Frames einen Farbwechsel der Leinwand aus. Dieser wird von den Clients bearbeitet und angezeigt. Erst danach werden die Zeitstempel an den Host gesendet. Die VR-Brillen werden so ausgerichtet, dass sie die Leinwand anzeigen. Während den Messungen ohne simulierte Kopfbewegungen werden die VR-Brillen nicht mehr berührt. Handelt es sich um eine Messung mit simulierten Kopfbewegungen, werden alle Brillen gleichzeitig in unterschiedlichen Richtungen bewegt. Dabei spielt es keine Rolle, wie lange oder zu welchem Zeitpunkt die Leinwand mit der geänderten Farbe im Display sichtbar ist. Während den Messungen befinden sich keine weiteren Clients im Testnetzwerk. Die Samsung Geräte befinden sich im Auslieferungszustand und stellen zeitweise eine Internetverbindung her, um Updates oder Standortinformationen abzurufen. Diese Abfragen werden nicht abgeschaltet, da sie auch während eines normalen Betriebes aktiv sind.

Damit aus einer gewissen Anzahl an Einzelmessungen ein Durchschnitt gebildet werden kann, besteht jede Messung aus 15 auszuwertenden Schaltzyklen. Die gesamte Messung besteht aus 20 Schaltzyklen, damit zu Beginn eine Ausrichtung der Geräte ohne die Beeinflussung der Messdaten erfolgen kann. Somit werden, um auf die tatsächliche zur Auswertung verwendete Anzahl an Messzyklen zu kommen, die ersten vier und der letzte Zyklus abgeschnitten in in den Auswertungen nicht berücksichtigt.

5.2 Messung des Netzwerkverkehrs

Bei den Latenzmessungen hat sich gezeigt, dass mit der geringen Anzahl von drei Clients keine eindeutigen Ergebnisse für eine Skalierbarkeit zu erzielen sind. Aus diesem Grund wird noch ein weiterer Ansatz verfolgt. Dabei wird der Netzwerkverkehr zwischen dem Server und den Clients gemessen und analysiert. Diese Analyse lässt Rückschlüsse auf die zur Synchronisation erforderlichen Netzwerkdaten zu und ermöglicht eine Berechnung der pro Client benötigten Datenmenge.

Der PC ist über eine 1 Gbit/s Ethernet-Verbindung mit einem Router und dem Access Point verbunden. Anstelle der VR-Brillen, von denen für diese Studie nur drei zur Verfügung stehen, wird ein weiterer PC verwendet. Durch die Möglichkeit des plattformabhängigen Kompilierens in Unity wird ohne Änderungen an der Software ein Windows Client erstellt. Dieser Client hat den Vorteil, dass mehrere Instanzen auf einem PC parallel verwendet werden können. Damit dieser Systemaufbau funktioniert, wird für jede Instanz ein neuer Netzwerkport verwendet. In Abbildung 5.2.1 ist der Systemaufbau dargestellt.

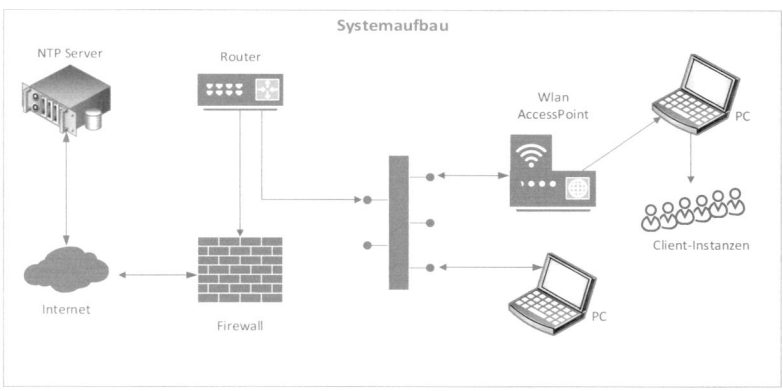

Abbildung 5.2.1: Systemaufbau - Messungen mit Windows Instanzen.

Durch die Verwendung von Windows Clients ist in diesem Aufbau kein Head-Tracking möglich. In einer einzelnen Anwendung kann das Head-Tracking mit der Computermaus simuliert werden. Wird die Messung mit mehreren Instanzen durchgeführt, ist dies nicht mehr möglich. In den Clients wird daher ein zusätzliches Script verwendet, dass für eine kontinuierliche und definierte Änderung der Kopfrotation sorgt. Dies führt zu identischen Bewegungen bei allen Clients.

In diesem Systemaufbau ergeben sich die folgenden variablen Punkte, an denen das System beeinflusst werden kann. Daraus können die in Tabelle 5.2.1 aufgelisteten Messungen abgeleitet werden:

- Die Anzahl der Clients kann beliebig erweitert werden. Die Messungen werden mit bis zu sechs Instanzen der Client-Software auf einer Workstation durchgeführt.

- Es kann unterschieden werden, ob die Kopfbewegungen der Nutzer durch ein Script simuliert werden oder nicht.

Messung	Anzahl Clients	Simulation der Kopfbewegungen
1	1	✖
2	2	✖
3	3	✖
4	4	✖
5	5	✖
6	6	✖
7	1	✔
8	2	✔
9	3	✔
10	4	✔
11	5	✔
12	6	✔

Tabelle 5.2.1: Aufstellung der durchzuführenden Messungen unter Windows.

Mit der Software Wireshark wird der Datenverkehr zwischen dem Server und den Clients aufgezeichnet. Damit nur die für diese Untersuchung relevanten Datenpakete aufgezeichnet werden, wird ein Filter verwendet.

Gefiltert werden alle Datenpakete, die mit dem UDP-Protokoll auf Port 7777 empfangen und gesendet werden (Abb. 5.2.2).

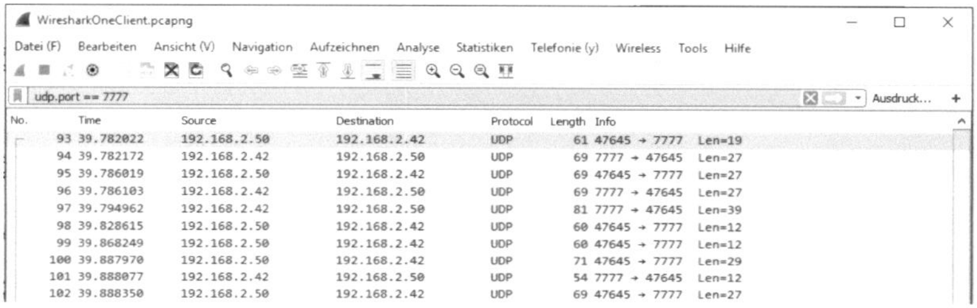

Abbildung 5.2.2: Datenverkehrs zwischen Server und Client mit aktiviertem Filter.

Der Datenverkehr wird in einzelnen Messungen für mindestens 100 Sekunden aufgezeichnet. Damit es zu keinen Verzerrungen durch das Ein- und Ausloggen einzelner Clients kommt, werden zur Auswertung nur die Datenpakete ab einer Messdauer von 30 Sekunden und bis zu einer Messdauer von 90 Sekunden verwendet. Somit stehen die Daten einer effektiven Messdauer von insgesamt 60 Sekunden für die Auswertung zur Verfügung.

5.3 Messergebnisse

Abbildung 5.3.1 zeigt die Ergebnisse der Messungen mit Ethernet-Verbindung und ohne simulierte Kopfbewegungen. Die Latenz der einzelnen Clients wurde für jeden durchgeführten Schaltzyklus gemittelt. Die Messungen zeigen von links nach rechts die Ergebnisse für einen, zwei und drei Clients.

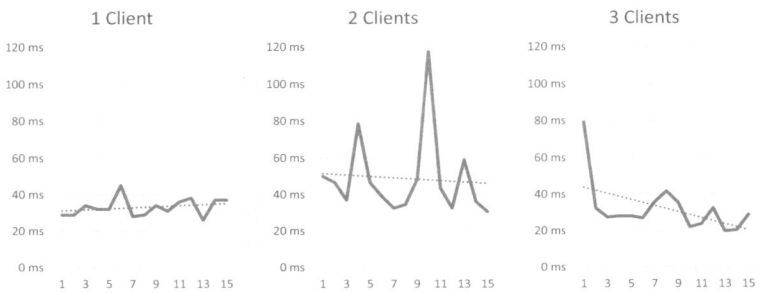

Abbildung 5.3.1: Latenz in Millisekunden bei einer Verbindung über Ethernet.

Abbildung 5.3.2 zeigt die Ergebnisse der Messungen, bei denen der PC mit einem WLAN verbunden war. Dabei konnte kein signifikanter Unterschied zwischen den verschiedenen Verbindungsarten festgestellt werden.

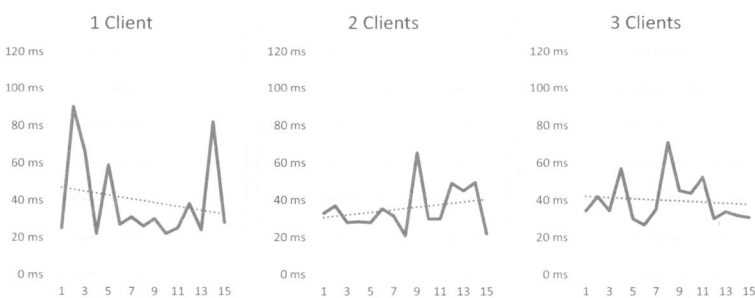

Abbildung 5.3.2: Latenz in Millisekunden bei einer Verbindung über WLAN.

Während bei den bisherigen Messergebnissen die Geräte nicht bewegt wurden, sind in den Abbildungen 5.3.3 und 5.3.4 die Ergebnisse dargestellt, die mit simulierten Kopfbewegungen gemessen wurden. Es lässt sich feststellen, dass es im Unterschied zu den Messungen ohne simulierte Kopfbewegungen vereinzelt zu höheren Latenzen kommen kann. Zwischen den Messungen mit und ohne simulierten Kopfbewegungen kann ansonsten kein wesentlicher Unterschied festgestellt werden.

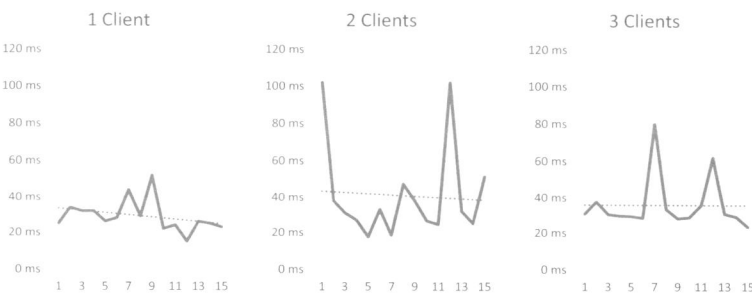

Abbildung 5.3.3: Latenz in Millisekunden bei einer Verbindung über Ethernet mit simulierten Kopfbewegungen.

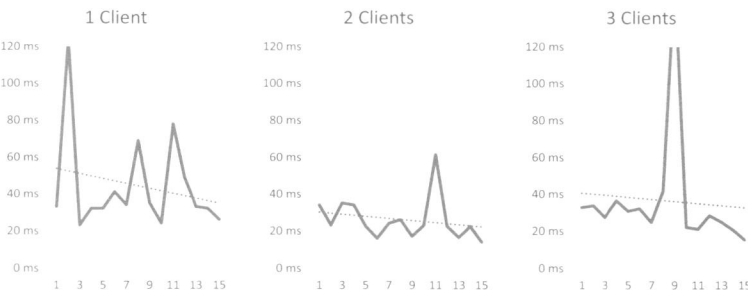

Abbildung 5.3.4: Latenz in Millisekunden bei einer Verbindung über WLAN mit simulierten Kopfbewegungen.

Betrachtet man die in Abbildung 5.3.5 dargestellten gemittelten Latenzwerte der einzelnen Messungen, zeigt sich, dass es keinen signifikanten Unterschied gibt, auch wenn die Anzahl der Clients oder die Verbindungsart geändert wird. Werden die Messungen mit und ohne simulierte Kopfbewegungen miteinander verglichen, können bis auf eine Messung, bei einem Client im WLAN, sogar geringere Latenzen erreicht werden. In Abbildung 5.3.6 sind die Latenzen in Abhängigkeit von der Anzahl der Clients dargestellt.

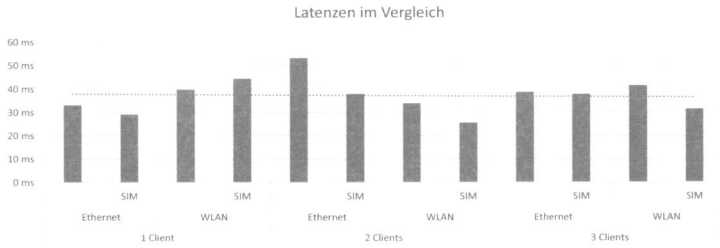

Abbildung 5.3.5: Gesamtübersicht der aufgetretenen Latenzen.

Abbildung 5.3.6: Latenzen, abhängig von der Anzahl der Clients.

In Abbildung 5.3.7 sind die Latenzen einer kompletten Messung mit insgesamt 15 Messpunkten abgebildet. Es wird deutlich, dass sich die einzelnen Messwerte, bis auf zwei Ausnahmen, in einem Bereich von 20 - 50 ms bewegen. Für die beiden Messwerte mit höheren Latenzen in Messung 7 und 12, die jeweils auch auf unterschiedlichen Geräten aufgetreten sind, konnten keine Regelmäßigkeiten nachgewiesen werden.

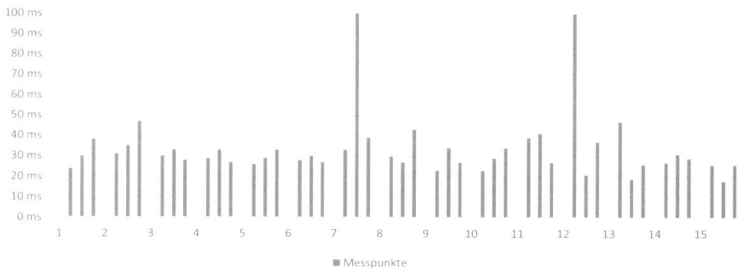

Abbildung 5.3.7: Latenzen einer einzelnen Messung mit drei Clients.

Bei den Messungen, die zur Aufzeichnung der übermittelten Datenpakete gemacht wurden, kann zwischen Messungen mit und ohne Kopfbewegungen unterschieden werden. In den folgenden Diagrammen werden die Messwerte ohne simulierte Kopfbewegungen in Blau und die Messwerte mit simulierten Kopfbewegungen in Orange dargestellt.

Abbildung 5.3.8 zeigt die durchschnittliche Größe der Datenpakete in Abhängigkeit der beteiligten Clients. Es muss beachtet werden, dass der Durchschnitt aus den Datenpaketen einer kompletten Messung, also 60 Sekunden, berechnet ist. Es wird deutlich, dass die durchschnittliche Datenmenge nicht ansteigt, wenn keine Kopfbewegungen synchronisiert werden. Die übertragenen Informationen bleiben gleich. Dagegen steigt die Datenmenge bei der Synchronisation von Kopfbewegungen linear mit jedem Client.

In Abbildung 5.3.9 wird die Anzahl der gesendeten und empfangenen Pakete pro Minute dargestellt. Im Gegensatz zu den durchschnittlichen Datenmengen steigt hier sowohl ohne simulierte Kopfbewegungen, als auch mit simulierten Kopfbewegungen die Anzahl der Pakete linear an. Es wird deutlich, dass bei einem Anstieg der zu synchronisierenden Daten ebenfalls

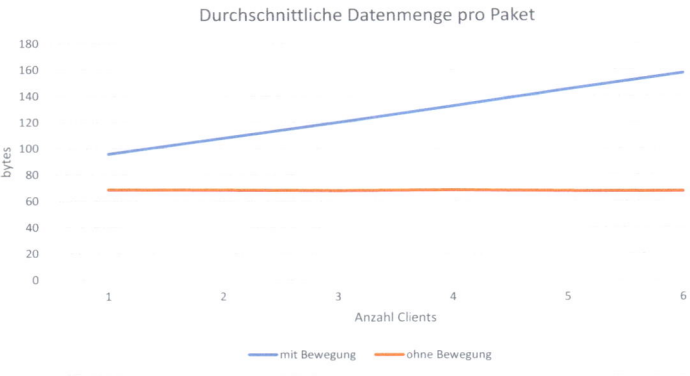

Abbildung 5.3.8: Gemessene Datenmenge pro Paket.

die Anzahl der zu übertragenden Pakete zunimmt. Dies wird durch die größere Steigung bei der Messung mit Kopfbewegungen sichtbar und lässt sich
darauf zurückführen, dass die aktualisierten Daten vom Server wiederum an
alle anderen Clients verteilt werden.

Abbildung 5.3.10 stellt die übertragene Datenmenge pro Minute dar. Diese Daten können anhand der durchschnittlichen Paketgrößen und der Anzahl
der Pakete berechnet werden. Hier wird deutlich, dass bei den Messungen
ohne simulierte Kopfbewegungen ein linearer Anstieg der Datenmenge pro
Minute zustande kommt. Dies ist auf die konstante Datenmenge pro Paket
und die linear ansteigende Paketanzahl zurückzuführen.
Bei den Messungen mit simulierten Kopfbewegungen kommt es durch die
linear ansteigende durchschnittliche Paketgröße und die zusätzlich linear ansteigende Anzahl zu einem exponentiell steigenden Anstieg der Datenmenge
pro Minute.

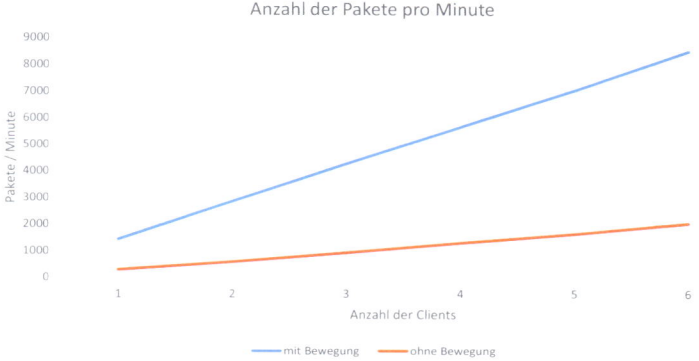

Abbildung 5.3.9: Gemessene Anzahl der Pakete pro Minute.

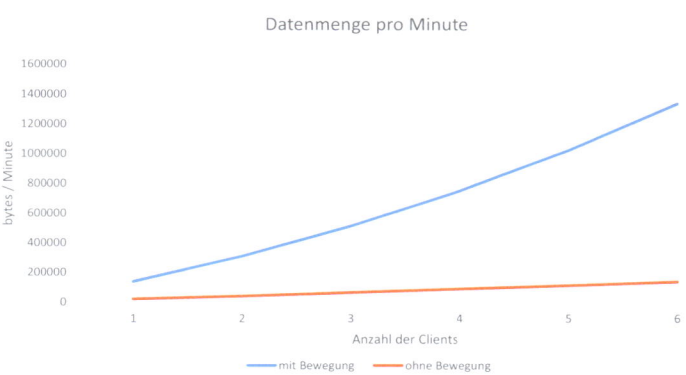

Abbildung 5.3.10: Gemessene Datenmenge pro Minute.

5.4 Ergebnisanalyse

Bei der Interpretation der gewonnenen Daten zeigt sich, dass kein wesentlicher Unterschied zwischen den verschiedenen Verbindungsarten des PCs besteht. Sowohl die Messergebnisse mit einer Ethernet-Verbindung als auch die Ergebnisse bei einer Verbindung über WLAN liegen im Durchschnitt unter 50 ms. Da dieser Wert weit unter den als akzeptabel genannten mehreren 100 ms liegt, werden hier Ergebnisse erzielt, die den Grad der Immersion nicht negativ beeinflussen.

Die erreichten durchschnittlichen Werte liegen dabei sogar unter den für eine Synchronisation zwischen realer und virtueller Welt minimal erforderlichen 90 ms. Eine Anwendung, bei der die Teilnehmer den Ton zu einem in der virtuellen Realität abgespielten Video über eine gemeinsame Lautsprecheranlage hören, ist mit dem System ebenfalls realisierbar.

Da von jedem zusätzlichen Client die Kopfbewegungen synchronisiert und in den beteiligten Clients dargestellt werden, entsteht in den einzelnen Clients ein zusätzlicher grafischer Berechnungsaufwand. Das durch diesen zusätzlichen Aufwand eine erhöhte Latenz verursacht wird, lässt sich durch die Messungen nicht bestätigen. Somit lässt sich vermuten, dass die Auslastung der einzelnen Clients keinen Einfluss auf die Synchronisierung hat.

5.4.1 Skalierbarkeit

Die in Abbildung 5.3.6 dargestellten durchschnittlichen Latenzen lassen Rückschlüsse auf die weitere Skalierbarkeit der Lösung zu. Nach den betrachteten Messergebnissen, kann angenommen werden, dass bei steigender Anzahl der Clients die durchschnittliche Latenz weiterhin linear verläuft und nicht wie erwartet mit jedem Client ansteigt. Dies lässt sich darauf zurückführen, dass die grafische Berechnung dezentral auf den Clients erfolgt und keinen Einfluss auf die gesamte Synchronisation hat. Aufgrund der nachgewiesenen geringen Netzwerkauslastung, ist auch bei einer hohen Anzahl an Clients eine performante Synchronisierung möglich.

Zur Berechnung einer Prognose der durchschnittlichen Datenrate[3] wird eine Formel erstellt. Die Datenmenge pro Sekunde R wird anhand der gemessenen durchschnittlichen Datenmenge pro Paket und der gemessenen Paketanzahl ermittelt.

$$R = d_p \cdot p \tag{5.1}$$

Dabei soll mit d_p die gemessene durchschnittliche Datenmenge pro Paket und mit p die Anzahl der Pakete bezeichnet sein. Da sich aus den Betrachtungen der durchschnittlichen Datenmengen und der Paketanzahl darauf schließen lässt, dass es sich um lineare Funktionen handelt, können diese anhand von zwei Punkten bestimmt werden.

Da es bei der messtechnischen Untersuchung zu Schwankungen kommt, wird eine Regressionsgerade bestimmt, die den Trend der Messpunkte optimal widerspiegelt. So kann ein bestmögliches Ergebnis erzielt werden. Durch die Verwendung der Punkte P_1 (x_1, y_1) und P_2 (x_2, y_2) können die folgenden Gleichungen aufgestellt werden.

$$f(x) = y = mx + b \tag{5.2}$$

$$P_1 : y_1 = mx_1 + b \tag{5.3}$$

$$P_2 : y_2 = mx_2 + b \tag{5.4}$$

Durch das Lösen des linearen Gleichungssystems können die linearen Funktionen für d_p mit Gleichung 5.5 und p mit Gleichung 5.6 bestimmt werden, mit denen dann die durchschnittliche Datenrate berechnet wird. Dabei ist M der Teil der Datenmege, die mit jedem Client erhöht wird und B der Anteil, der unabhängig von der Client-Anzahl konstant bleibt. Bei

---

[3]Die Datenrate ist die digitale Datenmenge, die innerhalb einer Zeiteinheit, hier einer Sekunde, übertragen wird.

der Paketanzahl ist N von der Anzahl der Clients abhängig. C spiegelt die konstante, von der Client-Anzahl unabhängige Anzahl der Datenpakte wider.

$$d_p(x) = Mx + B \tag{5.5}$$

$$p(x) = Nx + C \tag{5.6}$$

Die durchschnittliche Datenrate ergibt sich durch die folgende Berechnung:

$$R(x) \quad = \quad d_p(x) \cdot p(x) \tag{5.7}$$

$$R(x) \quad = \quad (Mx + B)(Nx + C) \tag{5.8}$$

$$R(x) \quad = \quad MN\,x^2 + MC\,x + BN\,x + BC \tag{5.9}$$

Eine Ausnahme bildet die durchschnittliche Datenmenge pro Paket bei der Messung ohne Kopfbewegungen, für die eine Konstante angenommen werden kann. Eine Berechnung der durchschnittlichen Datenrate ergibt die in Abbildung 5.4.1 dargestellten Funktionen.

Bei diesen Betrachtungen muss beachtet werden, dass die Hochrechnung rein theoretisch ist und noch mit entsprechendem Hardwareaufwand bestätigt werden muss. Des Weiteren wird bei dieser Betrachtung nicht berücksichtigt, dass bei der Verwendung von Ethernet ein Frame maximal 1500 Byte an Nutzdaten aufnehmen kann. Abzüglich des UDP Headers werden die Datenpakte ab einer Größe von 1492 Byte auf zwei Pakete aufgeteilt, wodurch ein Overhead entsteht, der sich negativ auf die maximale Anzahl an Clients auswirkt. Die Größe von 1492 Byte wird ab der Verwendung von 114 Clients erreicht. Insgesamt ist durch diese Betrachtungen nachgewiesen, dass unter diesen theoretischen Voraussetzungen und der Annahme, dass kein anderer Netzwerkverkehr stattfindet, die maximale Datenübertragungsrate von 300 mbit/s erst ab einer Anzahl von über 350 Clients erreicht wird.

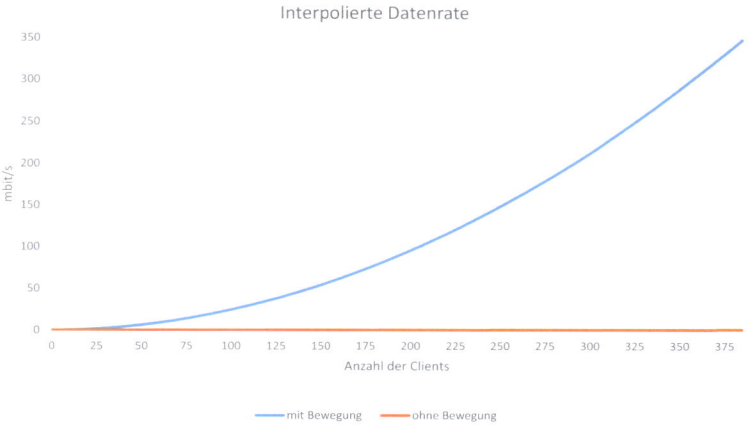

Abbildung 5.4.1: Interpolierte Datenrate

Weiterhin wird angemerkt, dass in dieser Studie lediglich die Farbänderungen an einer Leinwand sowie die Kopfbewegungen der Clients synchronisiert werden. Mit zunehmender Anzahl synchronisierter Objekte steigt auch die durchschnittliche Datenmenge pro Paket, was sich negativ auf die maximal mögliche Anzahl an Clients auswirkt.

5.4.2 Zuverlässigkeit

In Abbildung 5.3.7 sind die Latenzen aller Clients in einer kompletten Messung abgebildet. Es wird ersichtlich, dass in jedem Messzyklus alle drei Clients auf die ausgelöste Aktion reagieren. Dies lässt Rückschlüsse auf die Zuverlässigkeit der Netzwerksynchronisierung zu. Da es in den gesamten Messungen keine Aktion gab, die von einem Client nicht umgesetzt wurde, kann von einer zuverlässigen Übertragung der Informationen ausgegangen werden. Hier spielt auch die Netzwerkauslastung eine Rolle. Es wird vermutet, dass wenn die Netzwerkauslastung ansteigt, auch die Zuverlässigkeit der über UPD versendeten Nachrichten abnimmt. Dies ist aber aufgrund der geringen Datenmengen, erst bei einer vielfachen Erhöhung der Geräteanzahl zu erwarten.

6 Zusammenfassung

Im Rahmen dieser Studie wurde ein System entwickelt, das eine Synchronisation von Inhalten und Aktionen in einer Virtual Reality Umgebung über mehrere mobile Endgeräte hinweg ermöglicht. Es wurden die Grundlagen erläutert und anhand einer Marktanalyse und Bewertung die zur Entwicklung benötigten Komponenten ausgewählt.

Mithilfe der Game-Engine Unity wurde eine Anwendung erstellt, die teilnehmende Clients mit einem Avatar visualisiert und durch einen Synchronisationsmechanismus dafür sorgt, dass Bewegungen und Aktionen in der virtuellen Realität für alle Teilnehmer sichtbar dargestellt wurden. Es wurde definiert, was in diesem Zusammenhang unter dem Begriff Echtzeit verstanden werden kann. Weiterhin wurde ein Messverfahren zur Bestimmung der im System auftretenden Latenz entwickelt. Durch einen implementierten Automatismus, der in bestimmten Abständen Aktionen im System auslöste, konnten definierte Messungen durchgeführt werden.

Die Erkenntnisse aus der durchgeführten Untersuchung lassen sich in folgender Weise zusammenfassen:

- Mit dem beschriebenen System lassen sich Latenzen bei der Synchronisation von durchschnittlich 40 ms erreichen. Eine niedrigere Latenz ist zum Erreichen einer hohen Immersion, für die Synchronisation von Inhalten, nicht erforderlich.

- Der Anschluss des PCs ist für die entstehenden Latenzen nicht relevant. Es konnten keine unterschiedlichen Latenzen gemessen werden, wenn der PC statt mit einer Ethernet-Verbindung über WLAN an das System angebunden wurde.

- Die auftretenden Latenzen sind nicht von der Anzahl der teilnehmenden Clients abhängig.

- Werden nur wenige Objekte in der virtuellen Welt synchronisiert, führt die grafische Auslastung der Clients, zu keiner höheren Latenz bei der Synchronisierung. Auch während einer Synchronisation der Kopfbewegungen kann eine Latenz von durchschnittlich 40 ms erreicht werden.

Abschließend lässt sich positiv vermerken, dass eine erhöhte Anzahl von Clients keine nennenswerten Auswirkungen auf die Performance des Systems hat. So sind produktive Anwendungen vorstellbar, die mit einer großen Anzahl von Clients arbeiten. Der Einsatz des Systems, beispielsweise auf Messen und in Museen kann in Betracht gezogen werden. Es muss jedoch gewährleistet sein, dass die Netzwerkverbindungen stabil bleiben und nicht unterbrochen werden. Dies könnte speziell auf Messen problematisch werden, da durch die große Anzahl von Sendern und Empfängern potentiell Interferenzen entstehen.

Die Wahl der Game-Engine Unity als Produktionstool erwies sich als richtig, da die beschriebene Anwendung problemlos umgesetzt werden konnte. Die vorliegende Software wird die Basis weiterer Anwendungen für virtuelle Realität sein, die in Zukunft entstehen können.

Bei den durchgeführten Messreihen konnte gezeigt werden, dass die Latenzen bei einer höheren Anzahl an Clients nicht weiter ansteigen. Da der

Umfang der möglichen Messungen im Rahmen dieser Studie aufgrund des thematischen Zuschnitts limitiert war, wären weiterführende Untersuchungen, beispielsweise mit einer kontinuierlich steigenden Anzahl an Clients, aufschlussreich und lohnenswert. Neben der steigenden Client-Anzahl wäre eine Untersuchung des Zusammenhangs zwischen der übertragenen Datenmenge und der Anzahl synchronisierter Objekte in der virtuellen Welt aufschlussreich und würde weitere Anhaltspunkte zur genauen Bestimmung der Skalierbarkeit liefern.

In dieser Studie wurden nur die Latenzen in einem lokalen Netzwerk gemessen. Auch hier ergeben sich aus den Erkenntnissen Fragen für anknüpfende Forschungsvorhaben. Die Synchronisation mehrerer Geräte über das Internet und die dabei entstehenden Latenzen werden eine relevante Spezialisierung des Themas sein, um die Herausforderungen von Projekten in immer komplexeren Netzwerkumgebungen besser analysieren, planen und für etwaige Probleme adäquate Lösungsstrategien entwickeln zu können.

Literaturverzeichnis

[Sut65]   Ivan E. Sutherland. „The Ultimate Display". In: *Proceedings of the Congress of the Internation Federation of Information Processing (IFIP)*. 1965, S. 506–508.

[Sut]   Ivan E. Sutherland. „A Head-Mounted Three-Dimensional Display". In: *AFIPS Conference Proceedings (1968) 33, I*, S. 757–764.

[Hit]   Hitec-Magazin.de. *"Die dritte Dimension Samsung erklärt die 3D Technik*. URL: http://www.hitec-magazin.de/hitec-08/Online-Plus/index.php?we_objectID=10036 (besucht am 23. 05. 2016).

[Bri09]   Manfred Brill. *Virtuelle Realität*. Springer, 2009.

[Ave]   Avegant. *Glyphe - Screenless Display*. URL: https://www.avegant.com/technology (besucht am 27. 05. 2016).

[Run14]   Christoph Runde. *Head Mounted Displays Datenbrillen - Einsatz und Systeme*. 2014. URL: http://www.vdc-fellbach.de/files/Whitepaper/2014_VDC-Whitepaper_Head_Mounted_Displays_&_Datenbrillen.pdf (besucht am 18. 05. 2016).

[Teca]   TechJunkie.in. *Google Glasses*. URL: http://techjunkie.in/gadgets/google-glasses (besucht am 23. 05. 2016).

[Tecb]   TechJunkie.in. *What is Microsoft HoloLens*. URL: `http://techjunkie.in/news/tech-news/what-is-microsoft-hololens` (besucht am 23.05.2016).

[Tecc]   TechJunkie.in. *Oculus Rift*. URL: `http://techjunkie.in/gadgets/other-gadgets/oculus-rift`.

[Bro82]   D. Broderick. *The Judas Mandala*. Pocket Books, 1982.

[Bow+05]   Doug A. Bowman u. a. *3D User Interfaces: Theory and Practice*. Addison Wesley Longman Publishing Co., Inc., 2005.

[Coa92]   George Coates. „Invisible Site: A Virtual Sho. (George Coates Performance Works, San Francisco, California)". In: *Variety* (1992).

[SW97]   Mel Slater und Sylvia Wilbur. „A framework for immersive virtual environments (FIVE): Speculations on the role of presence in virtual environments". In: *Presence Teleoperators and Virtual Environments* (1997), S. 603–616.

[Ral+13]   Dörner Ralf u. a. *Virtual und Augmented Reality (VR / AR) Grundlagen und Methoden der Virtuellen und Augmentierten Realität*. Imprint: Springer Vieweg, 2013.

[SU92]   Mel Slater und Martin Usoh. „Depth of Presence in Virtual Environments". In: *Presence-Teleoperators and Virtual Environments* (1992), S. 130–144.

[Mee+03]   Michael Meehan u. a. „Effect of Latency on Presence in Stressful Virtual Environments". In: *Proceedings of the IEEE Virtual Reality 2003*. IEEE Computer Society, 2003, S. 141–149.

[Bro99]   Frederick P. Brooks. „Whats Real About Virtual Reality?" In: *IEEE Comput. Graph. Appl.* (1999), S. 16–27.

[Abr12] Michael Abrash. *Latency - the sine qua non of AR and VR*. 2012. URL: http://blogs.valvesoftware.com/abrash/latency-the-sine-qua-non-of-ar-and-vr (besucht am 25. 05. 2016).

[YC08] A. C. Younkin und P. J. Corriveau. „Determining the Amount of Audio-Video Synchronization Errors Perceptible to the Average End-User". In: *IEEE Transactions on Broadcasting* (2008), S. 623–627.

[Mil89] L. D. Mills. *Internet Time Synchronization: the Network Time Protocol*. RFC. 1989, S. 1–56.

[tho15] thomascook.de. *Virtuelle Realität im Reisebüro: Die Thomas Cook-Datenbrille*. 2015. URL: http://www.thomascook.de/unternehmen/newsroom/virtuelle-realitaet-vom-reisebuero-aus-auf-reisen-die-thomas-cook-daten-brille (besucht am 25. 05. 2016).

[Uni16] Unity. *Dokumentation*. 2016. URL: http://docs.unity3d.com/Manual/index.html (besucht am 31. 05. 2016).

[Sie14] Brandon Sieprawski. *Unreal Engine 4.6 Released*. 2014. URL: https://www.unrealengine.com/blog/unreal-engine-46-released (besucht am 31. 05. 2016).

[Cry13] CryEngine. *Dokumentation*. 2013. URL: http://docs.cry-engine.com/display/SDKDOC2/Basic+Game+Logic (besucht am 31. 05. 2016).

[Ste15] Jan Steinhauser. *Unity 5: Tutorial für Einsteiger*. 2015. URL: http://praxistipps.chip.de/unity-5-tutorial-fuer-einsteiger_39535 (besucht am 06. 06. 2016).

[Ber09]   Gregor Rayman Bernhard Lahres. *Objektorientierte Program-mierung*. Galileo Press, 2009.

[Stua]   Android Studio. *Command Line Tools*. URL: https://developer.android.com/studio/command-line/index.html (besucht am 07.06.2016).

[Stub]   Android Studio. *Android Studio Release Notes*. URL: https://developer.android.com/studio/index.html (besucht am 07.06.2016).

[Ora]   Oracle. *Java SE at a Glance*. URL: http://www.oracle.com/technetwork/java/javase/overview/index.html (besucht am 07.06.2016).

[Ocua]   Oculus. *Unity 5 and OVRPlugin*. URL: https://developer.oculus.com/documentation/game-engines/latest/concepts/unity-ovrplugin-132 (besucht am 08.06.2016).

[Ocub]   Oculus. *Oculus Signature File (osig) Generator*. URL: https://developer.oculus.com/osig (besucht am 08.06.2016).

[Abr14]   Alexey Abramychev. *All about the unity networking transport layer*. 2014. URL: http://blogs.unity3d.com/2014/06/11/all-about-the-unity-networking-transport-layer (besucht am 08.06.2016).

[Boc07]   Valer Bocan. *All about the unity networking transport layer*. 2007. URL: http://dotnet-snippets.com/snippet/simple-network-time-ntp-protocol-client/571 (besucht am 09.06.2016).